TICIANA DE PAULA

Era Deus ali comigo

Um caminho de curas
realizadas pela fé

ANGELVS
EDITORA

```
Dados Internacionais de Catalogação na Publicação (CIP)
(Câmara Brasileira do Livro, SP, Brasil)

Paula, Ticiana de
    Era Deus ali comigo : um caminho de curas
realizadas pela fé / Ticiana de Paula. -- 1. ed. --
São Paulo, SP : Angelus Editora, 2022.

    ISBN 978-65-89083-25-2

    1. Bíblia - Ensinamentos 2. Deus (Cristianismo) -
Adoração e amor 3. Espiritualidade - Cristianismo
4. Fé (Cristianismo) 5. Jesus Cristo 6. Vida cristã
7. Superação I. Título.

22-125456                                    CDD-234.23
```

Índices para catálogo sistemático:

1. Fé : Cristianismo   234.23

Eliete Marques da Silva - Bibliotecária - CRB-8/9380

2ª Edição

Era Deus ali comigo

Copyright 2022 © Angelus Editora

ISBN: 9786589083252

Direção Editorial:

Maristela Ciarrocchi

Preparação:

Bruno Maciel Onofrio

Revisão:

Ariane dos Santos Neves Monteiro

Capa e Diagramação:

Priscila Venecian

TICIANA DE PAULA

Era Deus ali comigo

Um caminho de curas
realizadas pela fé

ANGELVS
EDITORA

DEDICANDO AOS QUE ME DEDICARAM

A Deus, que me dedica Tudo.
Ao meu esposo, Marcelo, por dedicar-me o amor vivido e perdoado.
À minha mãe, Fernanda, por dedicar-me a vida.
Ao meu tio, Marcos, por haver me dedicado seu tempo mais precioso, a juventude.
Aos meus filhos por me dedicarem os abraços mais puros e os olhares mais misericordiosos.
À nossa querida e valiosa Maiara, nosso anjo de cada dia.
À Josi, pelos incansáveis anos de dedicação a este ministério, e à nossa querida Natália pelos dons e serviços ofertados na construção deste projeto.
Aos meus sagrados amigos que me dedicam apoio, amor, exortação e não me deixam parar de desejar o Céu.
Por todos que colocaram cimento e argamassa na minha capela de pedra.
À Comunidade Católica Missionária Mariana Um Novo Caminho, pelo carisma, pela fraternidade, e por ser o solo que abriga a minha caminhada espiritual desde os meus 13 anos de idade, lugar onde conheci o amor de Deus, lugar de tudo fazer por amor.
Com muita honestidade, quero agradecer a todos os "Nãos" que recebi e que me fizeram crer que era Deus ali comigo.

APRESENTAÇÃO

É inevitável, ao longo da vida, dialogarmos com o sofrimento. O diálogo é um ato corajoso. Este livro é a tradução de muitos diálogos íntimos com Deus, em um caminho frutuoso de descobertas e partilhas, em uma rota que nos levará à evolução de nossa percepção interior a respeito da fé e da espiritualidade inseridas nos detalhes do dia a dia.

Caminhar com honestidade. Sentir com dignidade, sempre acompanhados da presença do Espírito Santo.

A humildade de perceber que o tempo cura tudo, mas não cura sozinho. O tempo é só o caminho. A cura está na paisagem que decido ver e tocar, e nas pessoas que encontro pelo caminho, os samaritanos que a vida nos apresenta.

Cada página, um encontro pessoal com Deus, cuja presença transforma montes intransponíveis em pequenos grãos de areia.

E, no fim da história, quer seja minha ou sua, saber que "Era Deus quem estava ali conosco" na travessia da eterna marcha peregrina chamada: VIDA.

Vamos juntos, vivenciar curas realizadas pela fé?

PREFÁCIO

Um bom livro para mim é um fruto natural de uma vida bem vivida. Além de uma beleza técnica, ele precisa ser belo na verdade que transmite. Um bom livro, sobretudo de espiritualidade, é o resultado de intimidade com Deus, de um percurso responsável de maturação, desenvolvimento e crescimento humano-espiritual. Um bom livro é, normalmente, um excelente conselheiro. Um bom amigo. É aquele que fala diretamente e docemente ao coração, mas que por vezes, também diz verdades de forma assertiva e incisiva. É um dizer que te toca profundamente, que te atrai, te questiona, te faz refletir, te forma e, talvez, te transforme, se assim você permitir.

Creio que, mais importante que a quantidade de páginas, a fama do autor ou autora, ou o número de vendas, o sucesso de uma obra escrita é o quanto de bem ela gerará em nós e através de nós.

Sinto-me muito feliz e responsabilizado diante do convite para redigir, pela primeira vez, o prefácio do primeiro livro de uma pessoa tão especial ao meu coração, Ticiana de Paula, a "Tici", como carinhosamente a chamamos. Ela é companheira de missão, irmã, amiga e uma filha espiritual.

Neste momento, estou aqui em uma viagem. Posso contemplar paisagens belíssimas pela janela de um trem no percurso de Roma a Milano, na Itália. Foi nesse contexto que me debrucei sobre as singelas e belas páginas deste livro. Que leitura agradável!

Em um dos capítulos, a autora disse uma frase que me tocou muito: "Honestidade no sofrer. Dignidade no colher". É muito interessante quando você pode ler algo de alguém que você conhece de perto. E, depois de tantos anos de amizade e conhecendo um pouco mais os bastidores do seu coração, posso dizer que ela sofreu com qualidade e agora recolhe aqui as belas pérolas desta trajetória com Deus.

Confesso que enquanto lia os seus escritos, a senti aqui na cadeira do lado partilhando comigo estas pérolas da sua vida interior, da sua história com Deus e com todos aqueles que o Senhor lhe deu a graça de encontrar de diversas formas, seja pela música, pelas lives oracionais, participações em programas de rádio ou TV, seja por meio de uma formação ou uma pregação, ou simplesmente em um momento ordinário da vida que se tornou extraordinário, porque ela aliviou, consolou, fortaleceu, curou, libertou e salvou a vida, a história de alguém.

Este livro possui elementos que julgo essenciais para os nossos dias. Nele encontrei, e você também encontrará, nas linhas e entrelinhas, muita verdade, beleza, profundidade, simplicidade, e sabedoria humana e espiritual.

Cada título dos breves capítulos, desperta curiosidade para um "passo a mais". Neste passo é possível descobrir as pérolas interiores que foram garimpadas, encontradas e agora expostas nas linhas deste livro. Sim, cada reflexão nos apresenta experiências profundas que comparo às pedras preciosas que devem ser valorizadas, adquiridas, admiradas, guardadas e compartilhadas com quem também precisar desta fortuna.

Louvo e agradeço ao Senhor Deus altíssimo por mais este instrumento de melhoramento pessoal, cura, libertação e salvação. Que este livro seja exatamente isto na sua vida! Desejo uma abençoada leitura. Que o Santo Espírito vos guie e a Santíssima Virgem vos guarde. Que Deus vos abençoe e vos dê o Céu!

Paz e bem, fraternalmente,
Frei Wilter Malveira, OFMCap
Sacerdote Capuchinho

SUMÁRIO

A escuta de um chamado	17
Desatando os nós	19
Sou o que Deus pensa de mim	21
Aonde está a tua cabeça?	23
Expectativas messiânicas	25
Toda hora é hora	27
Vidraças quebradas	29
Seguir ou deixar seguir?	31
Colheremos flores das nossas dores	33
Cada conta nos acolhe	35
Não estamos sozinhos	37
De coração, vestindo as mesmas vestes	39
Me descrevo pelo que faço ou pelo que sou?	41
Será que sei o que quero?	43
O rio	45
O livro semiaberto da vida	47
O excesso de verbos dissolve o entendimento	49
Deus faz nova todas as coisas	51
O Amor apaixonado de Deus por nós	53
Antecipando as Graças do Céu	55
As oportunidades no deserto	57
Aquele que tem ouvidos, ouça!	59
O Espírito Santo nos traz um sopro de vida	61

Somos feitos à imagem e semelhança de Deus 63
Sejamos misericordiosos 65
A Palavra de Deus é promessa para nós 67
O perdão abre caminho para a reconciliação 69
Parar para reencontrar 71
Tempo de perceber os ganhos 73
Amor virtual 75
Nem tudo pertence a todos 77
A orquestra 79
Quantas mulheres moram em mim? 81
Quando a esperança te faltar, apoia-te no que é imortal 83
Cheiro de eternidade 85
Durma em paz 87
Somos templos do Espírito Santo 89
Até a última gota 91
Fazei brotar flores nas paisagens do deserto 93
Um olhar agradável a Deus 95
Um coração atento 97
Contentamento descontente 99
Par ou ímpar? 101
Carta 103
Vivendo o luto 107
Vida que segue 109

Frases soltas que de soltas não tem nada **111**

Eu nem te conto **117**

Qual o seu tipo sanguíneo? 119
Reflexos do Teu amor 121
O amor que não posso ocultar 123
Marcas de vitória 125
A colheita 127
O tempo da vitória chegou 129
Viva o processo 131

Murmúrios de luz	133
Ele sempre estará	135
Louve a Deus	137
O que desfaz a tua paz?	139
Santos *Influencers*	141

O que aprendi com Nossa Senhora Desatadora dos Nós   143

O Espírito Santo nos revira por dentro	145
Procrastinação	147
A presença de Deus cura todas as feridas	149
Há cordões umbilicais que precisam ser cortados	151
O Espírito Santo é o fio condutor dos pensamentos	157
Quem precisa ser grande em mim é Deus	159
Ser livre para Amar	161

O que aprendi com Santa Teresinha   163

Sê pequenino	165
Não vos inquieteis com nada	167
Para-brisa ou retrovisor?	169
Senhor do Tempo	171
Toque de Deus	173
Não tome atalhos para se perder	175
Moedas da eternidade	177

O que aprendi com Santa Dulce   179

Mãos são instrumentos de cura	181
Um coração aprendiz	183
Deus quer nos curar	185
Somos obras inacabadas do Senhor	187
Tão sublime doação a Deus	189

O que aprendi com Santa Rita   191

A Esposa Heroica	193
Florescer o impossível	195
Prodígio em meus lábios	197

Concórdia — 199

Instagramável - Literatura de Instagram — **201**

Cinza está o teu coração? — 203
Foi dada a largada — 205
Agudos ou obtusos? — 207
Jogue os dados da imperfeição — 209
24 anos depois — 211

A ESCUTA DE UM CHAMADO

"As nações verão então a tua vitória e todos os reis o teu triunfo. Receberás então um novo nome determinado pela boca do Senhor. E tu serás uma esplêndida coroa nas mãos do teu Deus." (Is 62, 2-3)

Deus tem sonhos, Ele ama sonhar os melhores sonhos para os seus filhos. Sempre senti dentro do meu coração um amor muito grande, algo que me trazia uma eterna companhia em meus pensamentos. Eram diálogos dentro de mim, conversas que preenchiam o tempo e o espaço.

Deus vai revelando o caminho aos poucos, e foi assim que o Espírito Santo encontrou espaço para operar, quando, na pureza da minha infância, eu tive oportunidade de conhecer um amor maior do que TUDO.

Dentro de cada um de nós existe uma semente. A semente do amor original. A semente dos filhos da eternidade. Quando entendemos que em nós, apesar de sermos quem somos, existe uma porção de sacralidade, e que essa porção, independete da minha vontade, nos é dada por pura misericórdia, a então promessa de que fomos feitos à imagem e semelhança, deixa de ser um peso inadequado, de uma equivocada perspectiva de perfeição, e passa a ser esperança. A esperança de que Deus vai além das minhas próprias forças. A esperança de que não sou amada por aquilo que tenho, mas pelo que sou.

A escuta desse chamado e o grau de intensidade são experiências muito pessoais. A igreja é a tradução da unidade na diversidade. O importante é estar disponível, pois só escuta um chamado aquele que se dispõe a ouvir. A intimidade na escuta não se mede pela força da fé, se mede pelo convívio, pela permanência e necessidade da presença de Deus.

Canto o que minha alma chora, escrevo com a própria vida, uma vida completamente imperfeita, vulnerável, assumidamente doída, emocionalmente inconstante, todavia, extraordinariamente FELIZ.

Aprendi, nesses anos de missão que a maturidade vem quando "dói e a gente segue", que a maior missão é a aceitação de si mesmo. Na minha densidade, as notas brotam para a partitura da vida, notas por vezes graves que alcançam o agudo das almas.

Quem tem ouvidos, ouça! Ouçamos juntos.

DESATANDO OS NÓS

O Espírito Santo sempre age de forma muito lúdica comigo. Vai colocando no meu caminho, rastros da espiritualidade a serem vivenciados em cada momento. Foi então que conheci a novena de Nossa Senhora Desatadora dos Nós e dela me apropriei como a alma que constantemente precisa ser desatada.

Primeiramente, resta-nos relembrar o significado de tão pequenina palavra: nó — duas extremidades que se unem e se amarram.

Uma das grandes percepções que tive foi a de que, muitos nós em nossa vida só serão desatados através da decisão e da renúncia, parece redundância, já que toda escolha pressupõe a desistência de algo, mas muitas vezes queremos manter coisas que não coabitam no sagrado. Foi assim que me deparei com o seguinte pensamento:

Muitos nós passam por NÓS! Nós cegos para as coisas que vimos, mas não deveríamos ter visto; nós mudos para as coisas que falamos, mas não deveríamos ter dito; e nós surdos para as coisas que ouvimos, mas não deveríamos ter escutado. Nós causados pelos nossos extremismos.

Que o Senhor nos conceda a benignidade do nosso

pensar, falar e agir, para que sejamos instrumentos de cura. Que as pedras encontradas no caminho se transformem em pontes, e nossas vulnerabilidades em conexões.

É o calor do Espírito Santo que vem alinhavar o nosso passado inconcluso, o nosso presente reticente e nos fazer reconciliar com a nossa própria história. Deus é que não dá ponto sem nó.

SOU O QUE DEUS PENSA DE MIM

Tudo gira em torno de como me descrevo. Por que é tão mais fácil a crítica, do que a boa aceitação de si? Muitas vezes me olho com uma visão distorcida. Tento absurdamente fazer um movimento de dentro para fora, mas a lupa com a qual me observo, detecta sempre algo mais pesado do que as plumas de meus leves pensamentos.

Tenho aprendido que a autocondenação não me foi outorgada e que, por mais que me flagele por meus equívocos, Deus não permite meus próprios atos de vandalismo. Tirar esse tribunal das costas é libertador, porque a culpa, por si só, já é uma sentença dura demais de enfrentar.

Libertador é tomar consciência de que meus erros não me definem e que podem me apontar sinais vitais de recomeços.

A lucidez sempre será a melhor companhia.

AONDE ESTÁ A TUA CABEÇA?

Em um dos encontros virtuais que tive, me deparei com uma passagem bíblica. Tratava-se do dia em celebração ao evangelista João, e o Evangelho retratava a cena do sepulcro vazio.

A narrativa se dava em torno de Maria Madalena, Pedro e João. Estes últimos, a caminho do sepulcro, de onde se havia tido a notícia de que o corpo de Cristo já não estaria mais lá. Naquele instante, nascia a dúvida, a veemente falta de entendimento sobre o cumprimento das escrituras e do que o próprio Jesus havia dito, em vida, para aqueles discípulos.

Na descrição da cena, pareceu-me que aquele que correra apressadamente, não tivera a exata preparação para, de imediato, crer. Já Pedro, olhou para as vestes no chão, constatou e "guardou" o pensamento no coração. Foi então que João, encorajado pela presença audaciosa de Pedro, não somente olhou, mas "viu e creu".

Busco através desse Evangelho, trazer à minha

memória, algumas coisas muito importantes das quais não posso esquecer.

Que Deus me ensina no caminho. Que não estou só. Que Ele conversa comigo. Que Ele já me fez promessas. Que Ele as realizou. Que eu preciso voltar a acreditar. Ter confiança e saber esperar sem me desesperar.

Desejo muito ter esse entendimento e clareza para sentir o aroma da ressurreição dentro de mim. Existem coisas que estão ao meu alcance, outras não. Ultimamente, tenho pedido a Deus que eu tenha força para ajudar a transformar as coisas que estão ao meu alcance. E que ELE SEJA soberano nas coisas que eu não posso mudar com as próprias mãos.

Que minha cabeça e meu coração estejam intimamente ligados ao coração de DEUS. E que eu consiga, pela força do Ressuscitado, fazer todos os sepultamentos que preciso fazer para ver a glória se manifestar outra vez.

EXPECTATIVAS MESSIÂNICAS

Jesus nasceu num contexto de extremismo político e religioso. Como filho de Deus, poderia ter sido um grande revolucionário, mas escolheu para seu reinado, o serviço, e optou apenas pelo lado extremo de amar.

Imaginem as expectativas geradas advindas das profecias em torno da vinda do Messias? Que Messias fora idealizado pela mente daqueles que o esperavam? Que Messias nós teríamos construído em nossa mente? Isso me mostra o quão confuso e frustrante pode ser uma falsa expectativa.

E pensar que muitos não o reconheceram simplesmente pelo fato de acharem que o filho de Deus viria poderoso e supremo. Que viria como um rei!

Ao olhar para tudo isso, que nosso coração perceba o grande risco de tentar atender às expectativas humanas. Não podemos ser responsáveis pelo que idealizaram de nós.

Interessante poder refletir sobre a frustrante idealização que podemos fazer das pessoas, também é um grande sinal de alerta e aprendizado, já diria a letra da canção: "a gente espera do mundo e o mundo espera de nós".

Vamos ter paciência.

TODA HORA É HORA

Estar com os olhos do coração abertos para acolher as mensagens que a vida reserva.

Hoje apreciei uma imagem que me despertou um novo olhar a respeito de algumas demandas emocionais. Me incomoda bastante o fato de algumas delas terem encontrado em mim, esconderijo. Muito me incomoda perceber que algumas coisas não têm seguido a fluidez dos rios, mas estão retidas nas represas da alma.

A imagem que vi era a de um carrossel, com hastes rompidas e um cavalo que se desprendia para a liberdade.

Me veio fortemente a necessidade de romper com ciclos viciosos. Romper com tudo que rouba a minha essência, tudo que joga cal em meus sonhos, tudo que vai sepultando a minha originalidade.

O que fazer para romper com a síndrome do carrossel?

Ter a percepção daquilo que nos agride. Sei que é muito importante educarmos a nossa alma, adestrarmos a tolerância e a convivência, mas ao longo desses anos, também vejo os prejuízos da falta de gentileza conosco, prejuízos irreparáveis de uma falsa harmonia. A conta chega como uma folha de caderno anotada pelo consumo dos anos na mercearia da esquina. Eram poucas coisas por dia, mas que somadas, geraram uma enorme dívida.

Quem pagará a conta? Nós mesmos.

VIDRAÇAS QUEBRADAS

Recentemente, li a respeito de uma teoria americana bastante conhecida, a teoria das janelas quebradas, que trata da relação de causalidade entre a desordem e a criminalidade. Os autores da teoria defendiam que se uma janela de uma fábrica fosse quebrada e não fosse, de imediato, realizado seu conserto, as pessoas que passassem pelo local presumiriam que ninguém se importava com aquilo e que, naquela região, não havia autoridade responsável por punir os autores da atitude danosa.

Em pouco tempo, outras pessoas começariam a atirar pedras para quebrar as demais janelas. A evolução não combatida dos danos, traria nova presunção àqueles que avistassem aquela mesma fábrica: a de que ninguém seria responsável por aquele imóvel, nem mesmo pela rua em que se localiza. Iniciaria, assim, a desordem da rua e, por conseguinte, daquela comunidade.

De imediato, meu coração resolveu adaptar a história. E trazer a reflexão para a minha vida.

Será que eu tenho consertado minhas janelas a tempo de não deixar consequências? Será que é visível aos outros quando elas estão quebradas? Será que já entrei em algum processo de desvalia que não percebi, mas que os outros perceberam e se preocuparam? Será que a desordem já foi tamanha a gerar estragos na minha vizinhança?

Nossa, como passeei por minhas ruas e avenidas, principalmente, sobre as minhas calçadas. Importante zelar pelas calçadas, porque é o lugar no qual as pessoas transitam. Lembrei-me tanto dos estragos que já fiz, como os que já sofri.

Como conclusão, a falta de cuidado comigo, a desordem interior, a falta de percepção de si mesmo e a negligência, podem causar danos que vão além de nós mesmos.

Então, ao cuidar de nós, cuidamos do outro. Como estão suas vidraças, ou melhor, suas calçadas?

SEGUIR OU DEIXAR SEGUIR?

Há, no Evangelho, um comando de Jesus: "Segui-me e eu farei de vós pescadores de homens". Contudo, me chama atenção, o momento em que essa instrução foi dita, o fator temporal da ordem se deu "enquanto eles consertavam as redes".

Quando paramos para consertar as redes, Jesus tem a oportunidade de se aproximar e ter um diálogo conosco.

Há o momento de estarmos em alto mar, nos lançando, confiando, produzindo, mas há o momento em que é preciso e necessário voltar com o barco para fazer os reparos.

Quando consertamos as redes, a gente revisita o mar, revisita as altas ondas, as marolas, refaz o percurso.

Afinal de contas, o verbo "CONTINUAR" precisa do verbo "PARAR".

É parando que se continua.

Que toda parada seja oportunidade de reparo, para voltarmos ao alto mar com as instruções do vento do Espírito Santo.

COLHEREMOS FLORES DAS NOSSAS DORES

É inevitável, ao longo da vida, dialogarmos com o sofrimento. O diálogo é um ato corajoso. Há quem prefira negar o sofrimento, tornando-o invisível, incolor e inodoro. Já outros, resolvem romper o silêncio da birra interior e chamá-lo pelo nome, seja lá que nome possa ter, substantivo próprio ou abstrato, como queiram.

Já caminhei nos dois processos, e digo que não há certo nem errado, há o que suportamos fazer. Mas, o caminho que mais frutifica é o que nos torna mais leves, é o que me confronta ao crescimento. O certo é que precisamos evoluir, a rota que nos levará a essa evolução interior passará pelo critério da escolha.

Precisamos aprender a sofrer com intensidade e densidade compartilhadas entre nossa dignidade e a ação do êxito de DEUS em nós. Sofrer na companhia do Espírito Santo é o único caminho que nos levará à colheita. É ter a humildade de perceber que o tempo cura tudo, mas não cura sozinho. O tempo é só o caminho. A cura está na paisagem que decido ver e tocar. Está também em quem encontro pelo caminho, os samaritanos que a vida nos apresenta.

Honestidade no sofrer. Dignidade no colher.

CADA CONTA NOS ACOLHE

Nos últimos dois anos encontrei um novo caminho que me leva ao PAI.

Encontrei CONTAS. Contas que são pérolas. Contas que, aparentemente, formam a terça parte de algo que traz a completude das Rosas, o ROSÁRIO. Contas que são lajotas, pequenos passos diários que me mostram a importância de repetir, para evoluir. Contas que não contabilizam meus pecados, mas que me oferecem incontáveis graças. Cada conta, conta! Conta uma história, resgata uma memória, promove uma súplica, traduz uma insistência. Cada conta, conta algo sobre mim.

E assim, de conta em conta, meu caminho se refaz. Sempre na companhia de quem quer contar e Recontar comigo.

NÃO ESTAMOS SOZINHOS

Existem trajetos em nossa vida espiritual. Existe um calendário litúrgico que nos orienta espiritualmente o ano inteiro. Na Quaresma, por exemplo, fazemos o percurso da cruz e ressurreição com Jesus. No momento do Natal, as vestes do Ressuscitado retornam nos panos que envolvem o menino. Jesus volta ao ventre e, se Ele volta ao ventre, eu volto a ser essa criança com Ele, eu volto a ser gestado. Se tem uma coisa que nos une é que viemos de um ventre.

E, voltando à origem de tudo, voltando à Criação, eu relembro que há um Deus que, desde o princípio, sonhou com a plenitude para mim. Criou o universo, me cercou de elementos, deu ordens, deu nome às coisas, identificando sua verdadeira natureza. Viemos de um ventre e temos um nome. Ao dar nome, Ele nomeia, e quem nomeia detém autoridade sobre o nomeado. Fomos nomeados para sermos viventes e não apenas sobreviventes.

Ele nos coloca no presépio de nossa existência. Nos chama pelo nome. Colocou uma placa no Paraíso: você não está só.

Porque ir tão longe para falar de Natal, porque a nossa

humanidade resiste em voltar. A nossa humanidade resiste em retornar. O percurso de retorno para nós é sempre delicado e difícil. Porque é lá que as curas acontecem. É na raiz e no berço das coisas que estão muitas respostas.

Quando me questiono sobre os acontecimentos, sobre o que sinto, sobre o que deixei de sentir, quando as coisas se tornam incompreensíveis pra mim, eu preciso retornar a mim mesmo. Para, quem sabe, ouvir Deus me chamar pelo Nome outra vez.

É aí que eu tenho a oportunidade de ter um encontro pessoal e único dentro de mim com o amor original que se perdeu no tempo, resgatar o Emanuel, o Deus conosco, que é Deus AQUI comigo o tempo inteiro, pois habita dentro de mim. Eu preciso dar acesso!

Se eu resgato essa presença, nunca mais serei só. Porque a presença de Deus SE FARÁ compreensível dentro de mim.

Se Ele está dentro de mim, algo de bom existe em meu coração, a esperança volta a germinar, e, se volta a germinar, teremos mais capacidade de voltar a sonhar.

Deus nos quer usufruindo da presença do Espírito Santo que habita em nós. Nós não somos só um corpo material no mundo, o específico do SER acontece quando o Espírito Santo DE DEUS nele habita.

Se voltamos ao Gênesis de nossas vidas, se o percurso é esse, então faça-se!

Retorna — a casa de origem, Revive — experiências com Ele, Resgata — o amor original, Recomeça — uma vida nova, Ele vem! É Deus aqui comigo!

DE CORAÇÃO, VESTINDO AS MESMAS VESTES

Tudo começa pela porta de entrada. Jesus bate à porta do nosso coração.

Nesse contexto de vestes, acredito eu, que também estamos aqui porque encontramos vestes que nos cabem. Vestes que se adequam ao corpo, para depois extravasarem na alma. Aquilo que nem é curto nem comprido demais. Nem justo nem largo demais. Mas traz a justa medida.

E que traz ao nosso pensamento reflexões sobre aquilo que já não nos cabe mais na vida. Sentimentos que não nos cabem mais, excessos que prejudicam a vivência do essencial.

O excesso nos pesa, o essencial nos torna leves. Vivemos uma vida com excesso de saídas e escassez de chegadas.

O que já não nos cabe mais? Como anda a aceitação daquilo que necessariamente precisa ficar e o que eu preciso deixar ir?

Se eu visto o que me cabe, é porque a modelagem me valoriza, me permitindo ser mais de mim mesma.

Toda veste tem um molde. Algo que foi pensado, idealizado, sonhado. Nós Somos um molde para o mundo. Eternas obras inacabadas nas mãos de Deus. É o encontro com Criador e Criatura. Obra e criação.

Somos barro nas mãos do oleiro.

O barro, quando úmido, permite ser moldado. Eu tenho sido rígida ou flexível? Tenho me permitido moldar para reluzir essa luz de Cristo no mundo?

Há processos na nossa vida em que perdemos "o ponto" e, muitas vezes, nos sentimos quebradas. Peçamos a Deus que não percamos o ponto da mudança. E sejamos aquilo que Ele nos criou para ser! Aproveitemos a oportunidade de nos encharcarmos da água viva do Espírito Santo.

Deus rasga as próprias vestes para nos revestir de força.

Que Deus tenha acesso ao nosso avesso. Vistamos as melhores vestes.

ME DESCREVO PELO QUE FAÇO OU PELO QUE SOU?

O melhor e o pior de mim. Engraçadíssimo como nos últimos tempos, a maneira como me avalio ou permito que me avaliem, tem acompanhado a variação de uma moeda terrena. Dias em que valho muito. Dias em que me deprecio tanto que chego a hipotecar a alma. É uma grande oscilação. Tudo que é móvel é avaliado, tudo que é imóvel também.

O problema que enxergo, é que são tantos projetos, dons, facetas de mim espalhadas que criei uma elevada expectativa a respeito de tudo que toco. Se algo foge do alto padrão que criei acerca de vários pilares, a frustração consome cada fio de cabelo, inclusive dos brancos que começam a nascer.

Acabo então, me descrevendo pelo êxito do que me proponho a fazer e não pelo que verdadeiramente sou. Só que o detalhe é que Deus me ama pelo que sou e não pelo que faço.

É hora de, só por hoje, não fazer nada e ver quem aparece, quem fica, quem liga, quem parte.

SERÁ QUE SEI O QUE QUERO?

Sempre vejo Deus olhando para mim, como se eu fosse uma eterna criança.

Quando somos crianças, nossos pais ou responsáveis, enxergam o que consideram bom e seguro para nós, nos protegem de nós mesmos.

Todavia, um pensamento tem me invadido ultimamente. Deus também quer saber o que queremos.

Quando um filho é insistente, muitas vezes o pai é vencido pelo cansaço. Não quero, com isso, dizer que Deus vá ceder a chantagens emocionais, mas muitas vezes Ele deve analisar e se comover com a nossa insistência, e talvez sente conosco para conversar melhor, ao invés de só dizer não.

"Ele quer saber o que quero", ele se importa.

Não se trata somente de erguer as mãos para o Céu e dizer: "Senhor, que a minha vontade seja a Tua". Eu também preciso saber o que quero. Ou saber exatamente o que não quero.

É importante que eu saiba. O que queremos diz muito sobre nós.

Se Jesus sentasse conosco neste exato momento, e nos perguntasse o que de fato queremos, qual seria nossa resposta? Será que nossa resposta o agradaria?

O RIO

Sou rio, grande parte de mim, flui, deságua, escorre. Contudo, sempre preciso estar de olho nas minhas nascentes. Sempre percebendo as enxurradas. A água corre para onde o curso das margens leva.

Ter margens preservadas é um grande desafio. Tem gente que usufrui de nossas margens, mas não leva consigo nada nas mãos para recolher as toxinas que restam nas embocaduras.

Quando o lixo do outro é lançado às margens do nosso rio, inevitavelmente corrompe a pureza e a limpidez da água que corre. Grande parte de nossa toxina vem desse movimento de despejo indevido. Movimento de contaminação. É preciso cuidar de todo e qualquer acúmulo, dos excessos, dos fugitivos, para que nada desvie o curso.

Observe, perceba quem tem deixado lixo em suas margens. Recolher o lixo do outro dá mais trabalho do que simplesmente fazer uma placa dizendo: "Proibido jogar lixo aqui". Proibido jogar lixo em mim.

E caso fique algum vestígio. Recicle.

O LIVRO SEMIABERTO DA VIDA

Cresci ouvindo que ter a vida como um livro aberto seria a forma mais ética e verdadeira de me inserir num contexto social e humano. Um livro aberto em que todos pudessem ler minhas páginas. Confesso que até aí, nunca tinha parado para refletir sobre tamanha complexidade. Um livro aberto oferta muito de si a "todos".

Antigamente, "todos" eram aqueles que de alguma forma tinham contato presencial ou social distante com o meu cotidiano. Folheavam meus fólios com as próprias mãos.

Hoje, percebo que o contexto do "livro aberto" foi alterado. Pois o próprio livro ganhou sua versão digital, e o "todos" ganhou uma proporção meteórica.

Pois bem, conduzo meu coração nesta nova fase da vida com mais reserva, com mais privacidade daquilo que nem o esforço da fala me permite compartilhar. Sabe por quê? Porque de fato, todos temos coisas dentro de nós, que precisam ficar do lado de dentro mesmo, é lá que precisam estar, até serem expurgadas com destino certo.

Afinal, aonde você coloca os seus dejetos?

Na sala?

Há lugar certo para tudo, há partilha certa para todos, e essa ordem me traz paz e me torna cada vez mais humana e certa de que, meus reparos têm lugar certo, pessoa certa e tempo certo.

O livro aberto mudou.

A busca pela verdade interior, não. Nem tudo pertence a todos.

Mas Deus é TUDO em todos.

O EXCESSO DE VERBOS DISSOLVE O ENTENDIMENTO

Parece-me que a sabedoria não anda de mãos dadas com muitas palavras. Parece-me também, que a fé não necessita de sinais.

Os sinais são consequência para aquele que a fé exercita e não um cheque caução, exigido por nós a Deus, para acreditarmos Nele. A fé não precisa de milagres, são os milagres que precisam da fé.

O Mercantilismo da fé, as permutas dos sacrifícios, as boas negociações que fazemos são prova de que precisamos, constantemente, de garantias. O inimigo de Deus está sempre à espreita e nos encoraja a achar que somos merecedores, que temos crédito por nossos joelhos dobrados e pela nossa assídua oração.

Doce ilusão. Miragem no deserto.

Pedimos sinais porque o preço da Cruz já não nos basta. Porque o Sangue derramado já não nos lava. Eu consumo a Eucaristia mas ela não me consome. Se falássemos nos termos atuais das mais refinadas dietas, diríamos que a

Eucaristia tem rápida absorção em nosso organismo e que minutos depois já sentimos fome outra vez.

A palavra de Deus é o maior sinal. Nosso diálogo com Deus é um diálogo de melhores amigos, e precisa dessa intimidade, mas os conselhos e exortações sempre serão de PAI. É o Pai que nos põe à prova, não o inverso.

Que o suspiro profundo seja o nosso, ao clamar a Deus que aumente a nossa fé, a nossa paciência e a nossa esperança de que Ele agirá.

O verbo é confiar!

DEUS FAZ NOVA TODAS AS COISAS

    Interessante é que, para se fazer algo novo, necessário se faz consultar o molde. Nós sempre determinamos nossas criações a alguma referência, e quando se trata de reformular algo novo em nós, o molde somos nós mesmos. Apresentamos como molde aquilo que ainda se torna útil em nós. Ele não precisa de muito.

    O molde que ofertaremos a Deus será a matéria-prima utilizada por Ele para criar algo inusitado em nós. Ele vem com toda força criadora e nós, com o que chamamos de NADA, ou melhor, TUDO.

O AMOR APAIXONADO DE DEUS POR NÓS

Enamorar, estar enlaçado, envolvido e afeiçoado.

Andei refletindo sobre isso e cheguei à conclusão que um coração que se enamora de Deus e se aproxima de sua Paixão é um coração que torna possível brotar flores na Cruz com toda força interior que precisa existir. Muito maior e profundo do que mudança comportamental, é a mudança de pensamento. É falar de um olhar espiritual sobre as coisas, sobretudo.

Estamos vivendo um tempo em que é necessário enxergar todas as possibilidades humanas e espirituais de uma intimidade com Deus, porque o Senhor se faz presente em todos os momentos e paisagens cotidianas.

O tempo em que vivemos, tem sido absurdamente um tempo penitencial e a pergunta diante de tantas desolações e fugas continua sendo: A quem iremos? Se só ELE tem palavras de vida eterna?

Não somos nada! Tudo passa! Temos algo muito maior a buscar, que é o propósito de Céu, de eternidade! Somos pó e ao pó da terra, voltaremos!

Que o Senhor nos dê a capacidade de bem servi-lo, reaprendendo a amar! Permitamos ser recriados no amor que regenera a alma. Que a visão turva seja metricamente focada e a nossa existência ganhe sentido, para que voltemos com sabor a querer somente sermos Nós. O que foi feito do nosso Eu sem a presença de Deus? Apaixone-se pela verdadeira Paixão.

ANTECIPANDO AS GRAÇAS DO CÉU

Outro dia estava degustando a vida de Maria, que foi capaz de dar um Sim que mudaria o mundo. Maria antecipa as graças, mas também nos faz esperar com resiliência e fé, as demoras de vosso filho Jesus. Maria não abandona seus filhos nem os planos de Jesus, recentemente, tive um entendimento de que Deus a ama tanto que o plano de salvação englobou a MÃE de Jesus. O "tudo está consumado" encerra-se somente ao Jesus entregar sua mãe ao discípulo amado. "Filho eis aí a tua mãe. Mulher, eis aí o teu filho", a Igreja então surge da espera e do forte vínculo dessa Mulher com todos nós, seus filhos. Que laço salvífico é esse, capaz de efervescer em um grande Pentecostes? Ou não foi essa a instrução de Jesus para nós? Acolher sua mãe, a mulher em sua inteireza, como filhos primogênitos, esperando com Ela a eterna vinda do Espírito Santo, que se renova todos os dias se assim quisermos.

Nossa Senhora fomenta em nós, a busca por seu Filho diante da falta do vinho em nossos corações. Nossa Senhora fomenta os desejos de busca, ativa maternalmente a inquietação da alma e faz-nos aspirar transformação, uma vida nova! Nossa Senhora vai introduzir dentro de nossos corações, o desejo pela conversão.

Nós precisamos vivenciar novas cenas com Maria, sairmos somente do cenário de Bodas de Caná e construir memórias com Ela, nos apoderando repetidamente da frase: "Convertei-vos e crede no Evangelho!", um humilde conselho de Mãe que pede para que façamos tudo que o Seu Filho disser! Não somente uma vez, mas sempre!

Maria mostra-nos assiduidade na Fé e está inserida, completamente, em nosso processo de conversão. Quem como a Mãe, para conhecer a natureza de seu Filho, de suas dores, detalhar os sintomas que ele sente, mas que não sabe dizer?! Nossa Senhora vem revelar os segredos de nossos corações a Jesus, para que Ele nos cure.

Que possamos olhar, ardentemente, com fé, com amor, tendo um coração na efusão do Espírito Santo.

Saibamos que temos uma Guia, uma Luz que está à nossa frente a interceder por nós. Temos um Farol, que novas cenas vamos construir iluminados por Ela?

AS OPORTUNIDADES NO DESERTO

A palavra DESERTO, para muitos, pode ser uma palavra negativa na caminhada espiritual. Mas você já parou para observar o que essa palavra pode representar?

O deserto é uma passagem obrigatória daqueles corações que assumiram o mistério da fé, em que as provações tornam-se viáveis em nossas vidas. O Espírito Santo concede graça nas tribulações para aqueles que resolvem assumir a missão de Jesus em sua vida. O deserto é passagem obrigatória para a terra prometida.

O deserto não é momento de punição, pois é caminho de livramento, de transformação de um coração oprimido para um coração livre. É quando se transforma o pecado em graça! Transforma-se a lamúria em dignidade! O deserto é Deus nos dando a oportunidade de administrarmos os opostos de nossas vidas, e isso é conversão.

Os 40 dias no deserto são nossas vidas. O deserto é oportunidade de crescimento espiritual, de encontro com Deus, de sermos salvos. O Reino de Deus está próximo! De que forma o Reino de Deus está perto de ti? Quais são as pessoas e as experiências que te levam para o Reino de

Deus? Que possamos sofrer as demoras de Deus com alegria e serenidade!

    Rezemos por nossas fraquezas, para que possamos viver bem o processo de conversão diária, fixando os olhos em Deus. Façamos a nossa parte e deixemos que Deus faça a Dele. O Senhor não pede além do que podemos oferecer e o Senhor multiplica as ofertas do nosso sim! Que possamos compartilhar o júbilo! Se passamos pelo deserto, é porque pertencemos a Cristo. O Senhor está no meio de nós!

AQUELE QUE TEM OUVIDOS, OUÇA!

Fico encantada com a pedagogia que Deus se utiliza para falar conosco.

Jesus encontra uma forma de falar aos corações humanos, para que alcancem entendimento, como quando o pai e a mãe querem falar algo sério ao seu filho, mas este ainda é uma criança. Algo precisa ser dito, mas de uma maneira muito compreensível para a sua idade.

Aí está o grande passo de Misericórdia Divina que escolhe uma linguagem propícia para dialogar com a natureza do coração humano. É como se Jesus estivesse tentando se comunicar da melhor forma conosco, como se fôssemos essas crianças.

O que chega ao meu coração é que Jesus, precisa curvar-se, abaixar-se para olhar-nos nos olhos e alcançar os nossos corações, a fim de que tenhamos entendimento. Dessa forma, o processo de aceitação se torna menos doloroso, pois nos deparamos com a linguagem da misericórdia.

Ao ler a passagem de Mateus 13, 4-9, mais conhecida como "A Parábola do Semeador", me pergunto: Para quem

Jesus falava? Jesus falava para os trabalhadores pobres, para as pessoas humildes que lidavam com a terra. Eles estavam cansados de lidar com uma terra infértil, ingrata que não dava frutos. Chego a refletir que nós somos esses trabalhadores e temos corações pouco férteis. Brigamos por uma colheita que sequer plantamos, e com um plantio que não renderá frutos para o Reino de Deus. Muitas vezes somente saciará a fome que temos de produzir.

Então, Jesus, hoje, vem semear dentro de nós, o que precisa ser semeado. Abra o seu coração, para que o Espírito Santo venha adubar os terrenos inférteis que tornarão a frutificar.

O que precisa ser regado hoje no terreno da tua vida?

O ESPÍRITO SANTO NOS TRAZ UM SOPRO DE VIDA

Quando a gente se depara com os "Nãos" que Deus já nos deu, quando não somos correspondidos com o que pedimos a ELE, da maneira como queremos, a sensação que surge é a de que estamos sendo desamparados, desalojados da sala do "Sim".

Nem sempre o que pedimos acontecerá conforme desejamos. A frustração e a decepção acontecem, porque fazemos uma leitura literal da palavra de Deus e condicionamos nossos ouvidos aos gritos de nosso ego, ou simplesmente ao fato de termos buscado as mais diversas formas dessa oração subir ao Céu.

Conforme escrito na palavra: "Pedi e se vos dará. Buscai e achareis. Batei e vos será aberto porque todo aquele que pede, recebe. Quem busca, acha", Deus nos motiva esse movimento de pedir porque Ele quer nos entender e nos perceber melhor para, posteriormente, nos atender naquilo que realmente necessitamos, com o filtro da salvação.

Ao pedir, damos ao Pai, a oportunidade de extrair dos nossos corações o que nossas almas choram. Deus se compadece e sua compaixão por nós será visível, autêntica, e jamais Ele nos abandonará, haverá uma via, uma trilha, a saída na tangente de algo que não saiu como esperávamos mas que, a longo prazo, nos revelará muito mais de nós mesmos.

Qual o fundamento dos nossos pedidos? Quem reza, sempre alcança! Quem busca, sempre, vai ter uma resposta! Ninguém vai até Deus e volta vazio desse encontro. Ninguém bate a porta do coração de Deus e se depara com a porta fechada! Não podemos ler e entender essa passagem como filhos mimados, mas temos que entender que Deus vai nos dar o que saciará nossa alma e fome de eternidade. Ele nos dará, com certas dores, o ingresso do Paraíso, e lá não sentiremos mais nada além do alívio de termos chegado.

SOMOS FEITOS À IMAGEM E SEMELHANÇA DE DEUS

Existe um caminho que nos leva a buscar essa semelhança com Deus, que é a oração.

É quando nossa alma se eleva e chegamos próximos da divindade de Jesus. O Senhor faz um caminho inverso para chegar a nossos corações, que é a nossa humanidade.

A humanidade de Jesus grita para nós porque Ele sabe, exatamente, o que estamos sentindo. Ele era divino e era humano. Jesus nos diz: Eu sei o que você sente porque eu senti angústia, medo, dor e solidão! A dor que Jesus sofreu foi real! Não lidemos com a dor de Jesus como se Ele tivesse tomado um anestésico, como se a dor de Jesus fosse uma dor menor, amenizada.

Não tenhamos a falsa impressão de que por Jesus ser filho de Deus, aquelas marcas das inúmeras chicotadas em suas costas, o sangue derramado e o peso da cruz parecem não ter sido real. Jesus, assim como nós, se sentiu sozinho! Quantas vezes nos sentimos sozinhos? Quantas vezes a solidão foi um troféu?

Me recordo que Jesus sentiu-se só no sofrimento. Jesus queria a presença de seus discípulos na dor e na angústia que estava vivendo, mas a carne dos discípulos foi fraca e eles caíram na tentação do sono.

Quantas vezes você já se sentiu sozinho no sofrimento? Quantas vezes as pessoas não entenderam o sofrimento que você está vivendo? Quantas vezes você tentou explicar para as pessoas, o sofrimento e a dor que rege o seu coração e você pediu que vigiassem por você e que orassem por você? Quantas vezes você solicitou presença em sua vida? Cristo, também, solicitou presença naquele momento.

Cristo aproxima-se de nós para nos dizer que entende melhor a nossa dor, mais do que ninguém! Por mais que as pessoas que nos amam digam que estarão presentes conosco, que não nos abandonarão, a carne é fraca e haverá falha humana. Deus não falhará conosco! Diante do que sentimos e não conseguimos expressar, a companhia que nós mais precisamos querer na vida, é a companhia de Jesus em nossa dor! Troquemos a palavra "Vigiai" pela frase: "Despertas tu que dormes".

Que tenhamos o sentimento de serviço em nossos corações. Nós somos sementes, nós somos evangelizadores e nós temos a chave do Reino de Deus em nossas mãos! Vamos abrir ou fechar as portas desse Reino?

SEJAMOS MISERICORDIOSOS

Nós temos a mania de abordar os outros com a régua da nossa existência e de nossas experiências. Quando a gente se depara com o outro, a gente usa uma medida rígida, sem tato ou empatia.

Jesus nos diz que as nossas ações, principalmente a forma de manifestarmos nossas reações precisam ter o parâmetro da misericórdia.

"Agir com o outro da mesma forma que gostaríamos que o outro agisse conosco".

O que é de fato essa Misericórdia? Misericórdia é ter um coração compadecido. Diante das diversas situações que vivemos, muitas vezes não temos esse olhar compadecido sobre o outro, principalmente quando temos experiências negativas.

De repente, nos vemos usando o filtro da mágoa, das marcas profundas, das feridas que fizeram em nós, e daquelas que praticamos.

Colocamos na conta da nossa rigidez todos os prejuízos emocionais que ajudam a compor nosso lixo desorganizado e velho, com seu odor característico, deveras repetido.

E como é, meu Deus, que diante dessas experiências ruins, Tu nos pedes para termos um olhar de misericórdia, diante daquilo que nos faz sofrer?

Eu descobri que a gente tem misericórdia quando consegue adentrar nas próprias misérias. Quando percebemos que ainda não nos escandalizamos e nem fizemos estancar as NOSSAS feridas abertas.

A gente é, quanto a gente "tem que ser".

A gente consegue quando já fomos náufragos do mar da perfeição.

Graças a Deus afundamos, porque, se assim fizemos, deixamos a água ser água e o corpo ser corpo, Pudemos boiar antes de voltar a nadar.

A misericórdia é a boia do náufrago. Descansa, recupera o fôlego e somente depois volta a nadar com direção.

É simples, para haver misericórdia é preciso haver miséria.

A PALAVRA DE DEUS É PROMESSA PARA NÓS

"Confia em mim!", Deus nos diz: "Eu estou acima dos homens."

"O decreto que tu precisa seguir é o Meu! A obediência te trará a recompensa do Céu! Quanto maior o tempo do deserto, o tempo da obediência, maior será a recompensa para aqueles que põem a confiança no Senhor. Coloca-me acima da insensatez dos homens! Coloca a confiança absoluta em mim! É isso que te fará sobreviver e viver plenamente!"

Sempre que leio essas palavras, me sinto confortada a ponto de entender que precisamos zelar por nossa própria existência, por mais difícil que lhe pareça. Precisamos pedir a Jesus, com muita humildade, para que Ele possa vir nos dar sensatez, confiança, amor, serenidade diante das tribulações, para que Ele nos traga calma para sobrevivermos a este tempo.

Já dizia um parágrafo anterior: "Quem tem ouvidos, ouça." O que será que nós não aprendemos ainda para estarmos vivendo de novo e sendo renovados, novamente, neste período de deserto? Será que aprendemos alguma coisa neste tempo? O que nos falta aprender, durante este tempo? Tudo passa, mas o amor de Deus permanece!

Mostrar o gosto do silêncio numa vida tão barulhenta, tão cheia de ruídos! O silêncio cura, o silêncio é o grito de Deus em nossos ouvidos! O silêncio traz paz! Se não há o que falar, silencie!

A confiança passa pelo silêncio de deixar Deus falar por nós! Suas promessas são eternas, pois nenhuma dor se compara com a glória que virá.

O PERDÃO ABRE CAMINHO PARA A RECONCILIAÇÃO

É impossível falar de perdão e não lembrar da reconciliação.

A reconciliação, por sua vez, abre caminho para as graças de Deus acontecerem em nossas vidas. Pode ser difícil, mas é possível!

Quando nos colocamos no lugar de quem vai perdoar, a sombra da incapacidade nos paralisa. É uma dor que não cansa de doer. Mas, quando eu me coloco no lugar daquele que precisa receber o perdão, Deus abre nossos ouvidos, o coração, e nos faz compreender que também vamos precisar ser perdoados "setenta vezes sete". Quando invertemos os papéis, a compreensão se torna possível.

É preciso lembrar sempre que o cálculo da Misericórdia Divina em nós é também pela régua do, "setenta vezes sete", ou seja, a Misericórdia de Deus é Infinita! O perdão faz parte da vida! O perdoar e ser perdoado é um movimento que sempre vamos precisar fazer! A conta precisa fechar, e a gente precisa abrir esse caminho de reconciliação, e aceitar que somos pecadores. O maior beneficiário do perdão é aquele que perdoa, pois cessa a seiva do veneno que o outro te fez provar. Liberta a alma para a sede de beber água viva novamente, abrindo a via do recomeço.

Só sabe o valor de um perdão quem já precisou ser perdoado.

Deus derrama a sua infinita Misericórdia sobre nós!

Você já precisou ser perdoado?

PARAR PARA REENCONTRAR

Tudo hoje nos convida a ir com muita pressa.

Eu vim para parar, e me reencontrar!

Temos pressa para muitos encontros e tardamos em refazer uma amizade antiga: a amizade com o nosso coração. Com o nosso EIXO! Às vésperas do mês de meu aniversário, eu desejei estar a sós para poder me dar de presente a minha companhia. Para alguns, talvez pareça um tanto "melancolizável". Para mim, "louvável" é a sensação de se encarar, mesmo querendo fugir da conversa.

Vocês já tiveram vontade de fugir de alguma conversa difícil? Pois bem (rsrs), eu tinha que ter essa conversa comigo!

Santa Teresa D'Ávila nos traz uma expressão de que "a louca da casa" é a nossa imaginação e o que permitimos que ela nos faça. A minha realmente estava insana e criativa (rsrs), precisava de ordem, de uns sacolejos, muitos pensamentos inúteis se alojaram e estavam ocupando lugares totalmente reservados, que agora, inclusive, estão indisponíveis (mudaram de categoria).

A canseira de ficar olhando faturas do passado, sabe

os boletos? Vocês guardam boletos vencidos? Pois bem, era tanto comprovante na GAVETA da ALMA que não cabia mais tanto acerto de conta interior. Olhei pra mim e disse: tá na hora de guardar a fatura paga, gasta e apagada e abrir uma nova conta neste novo ciclo que se inicia! Contemplar o caminho com lucidez e humor, com altivez e ternura, com a nítida certeza de que não carregarei mais conscientemente a tortura de não errar. Eita que o terapeuta tem muito que trabalhar, viu?

Deus me fez assim, única, um tanto rígida consigo, mas, ao mesmo tempo, com uma capacidade moleca de levar a vida. Afinal, quem somos nós na estrada da vida?

Sobre a pressa, deixo que a dúvida também seja a minha maturidade pedindo passagem. Não adianta, as respostas são colhidas, e preciso esperar o tempo de cada colheita.

Sobre os impulsos, a gente vai dominando e levantando a placa de PARE, pois eles não deixarão de existir.

Sobre as ESPERAS, ahhh sobre as esperas. São elas que me fazem saber exatamente aonde quero chegar! Quero chegar! E com quem quero estar também! E aonde quero chegar? Não sei, caminhar tem sido muito mais revelador pra mim!

TEMPO DE PERCEBER OS GANHOS

O olhar pela janela da vida.

Uma pausa para respirar no dia.

E quem sabe, literalmente, refletir melhor sobre o que estamos fazendo com o nosso tempo, o que de fato estamos escolhendo? A agonia de "ver" sem ter "visto".

Do "ouvir" sem ter "ouvido". De apenas ser um transeunte nas minhas próprias calçadas.

Sou visitante da minha própria existência ou já assumi a permanência de ser quem sou? Eita, Ticiana, hoje o coração ferve, pulsa, repulsa!

Hora de percorrer a estrada e ver o que caiu dos bolsos. Hora de ver o que era precioso e se perdeu nos desencontros.

É Quaresma, diz uma voz lá bem dentro de mim.

É tempo de virar do avesso.

De "aprumar" os tropeços.

De observar os enganos.

De perceber os ganhos.

Qual será o saldo da minha existência?

Sigo observando!

AMOR VIRTUAL

Eu amo escrever, principalmente quando sinto que o coração está na ponta do lápis.

Nestes últimos anos, tenho vivido uma intensa mudança interior, um novo impulso, um novo sopro! A palavra de Deus ganhou um espaço cativo, muitas leituras, reflexões. A missão se expandiu, ganhou novos ares e direções!

Me aproximei de pessoas que nunca vi na vida, chorei as dores e supliquei junto a uma multidão que escolheu conviver intimamente comigo.

Abri meu coração e as portas da minha casa, expus minhas forças e fraquezas, desabafei marcas de Deus em mim. Nada foi planejado, tudo foi milimetricamente providenciado por Deus.

Recebi muito amor, carinho, palavras de gratidão, e tenho a graça de viver, na Terra, a gratuidade do Céu! Amigos que são irmãos, família que são asas, seguidores que são intercessores. Eu espero poder corresponder sempre ao amor de Deus por mim, espero não tropeçar em meus próprios medos, não coagir a minha alma a parar, enfrentar os desafios que um coração missionário enfrenta, conseguir parceiros que acreditem nela e sempre atrair quem queira fazer o bem!

A música católica precisa ganhar o Mundo! Se você acredita no poder que a evangelização tem de transformar a vida das pessoas, então, seja sempre muito bem-vindo!

Preciso da sua oração!

Porque eu quero transformar o mundo, com muita simplicidade e amor!

Um abraço cura, uma palavra liberta!

Hoje eu estou assim... querendo fazer mais, e perguntando a Deus, COMO?!

NEM TUDO PERTENCE A TODOS

Algo muito forte veio ao meu coração ao ler essa frase: "a vida é um livro aberto".

Cresci ouvindo que ter a vida como um livro aberto seria a forma mais ética e verdadeira de me inserir num contexto social e humano.

Um livro aberto em que todos pudessem ler minhas páginas. Confesso que até aí, nunca tinha parado para refletir sobre tamanha complexidade.

Um livro aberto oferta muito de si a "todos". Antigamente, "todos" eram aqueles que, de alguma forma, tinham um contato presencial ou social, distante com o meu cotidiano. Folheavam os meus fólios com as próprias mãos.

Hoje, percebo que o contexto do "livro aberto" foi alterado. Pois o próprio livro ganhou sua versão digital, e o "todos" ganhou uma proporção astronômica.

Pois bem, essa frase me fez refletir bastante, e conduzo meu coração nesta nova fase da vida com mais reserva, com mais privacidade daquilo que nem o esforço da fala me permite compartilhar. Sabe por quê? Porque de fato, todos temos coisas dentro de nós, que precisam ficar do lado de dentro mesmo, é lá mesmo que precisam estar, até serem expurgadas com destino certo.

Afinal, onde você coloca os seus dejetos? Na sala? (analogia para os fortes).

Há lugar certo para tudo, há a partilha certa para todos, e essa ordem me traz paz e me torna cada vez mais humana e certa de que meus reparos têm lugar certo, pessoa certa e tempo certo.

O livro aberto mudou.

A busca pela verdade interior, não. Nem tudo pertence a todos.

Mas Deus é TUDO em TODOS.

A ORQUESTRA

Vejo em cada gesto, meu corpo exalar força. Nunca foi fácil e nunca será. Mas, é incrivelmente REGIDO! Miraculosamente conduzido!

Tomar posse desse chamado me fez seguir um caminho de muitas renúncias, desapegos, desalojamentos, olhares, e, por vezes, julgamentos. Sim, existem muitos corações que se contentam com as cascas.

Vivi durante anos, uma certeza que existia somente entre mim e Deus. Foram diálogos profundos, muitos questionamentos e uma só vontade: cumprir a missão que Ele me confiou!

Eu resolvi confiar! Resolvi acreditar, decidir e nomear meu canto Autoral, Cristão e Missionário.

Só pedia a Deus para sustentar essa decisão em meio a tantas propostas e convites, e que não me permitisse ir por um caminho mais confortável. Dei muitos "nãos" sabendo que o melhor "sim" estava por vir e que o tempo era de PREPARO!

Cada ser humano tem um chamado de vida!

Canto o que a minha alma chora, escrevo músicas com a própria vida, uma vida completamente imperfeita, vunerável, assumidamente doída e emocionalmente inconstante, todavia, ordinariamente feliz!

Tudo isso para dizer, que, quando Deus nos conduz e nos deixamos guiar na dor, a alegria vem pela manhã!

Vivam os sonhos! Viva a esperança!

QUANTAS MULHERES MORAM EM MIM?

Pela manhã levanta a menina assanhada, que fez dengo na cama, que precisa urgentemente acordar!

Lá vai ela, levanta atrasada, o corpo ainda com aquela ressaca de quem não cumpriu as horas de sono que a alma precisava.

O despertador grita "levanta-te e anda", não sei qual frase o despertador de vocês fala, mas o meu tem falado dessa forma.

E olha! Tem sido quase um minuto heroico esse despertar!

Com o passar das horas, o grande vilão chamado celular já invadiu a paz, trouxe notícias que nem queria saber, já logo cedo, ao amanhecer.

A menina, um pouco mais madura com o passar das horas, já ligou para marcar consulta, já está na labuta, sem hora pra terminar.

Os filhos chegam, o marido abre a porta, a secretária atende o interfone, acabou o gás, diz o porteiro.

O boleto para pagar, a casa para arrumar, a mãe para socorrer, o amigo para atender, o pai para salvar. Dona Ticiana, ligaram da escola!!!

Olho para o relógio e já são 15 horas, talvez porque precise um pouco de misericórdia.

Seguimos louvando, seguimos tentando, e há quem julgue que não seja nada, que esteja tudo pronto, que não haja incômodos ou que você saiba de tudo, essa última parte eu pulo!

Aí você descobre que haverá outra noite, que haverá outro sono, que haverá outra chance! Quem questionou hoje, talvez não volte amanhã.

Quem ficou para ouvir até o final, com certeza retornará!

O importante é continuar!

QUANDO A ESPERANÇA TE FALTAR, APOIA-TE NO QUE É IMORTAL

" A César, o que é de César! A Deus o que é de Deus!" (Mc 12, 17)

Jesus tinha muitos seguidores.

Há os que te seguem para te apoiar. Há os que te seguem para te desafiar, para provocar em ti armadilhas.

Fiquei impressionada com a vulnerabilidade humana, como tudo hoje passa pela "Rede".

A moeda do lado de César nos insere no contexto das obrigações universais da vida terrena. A submissão ao estado político de cada época. A polarização no exercício de direitos e deveres.

Já a moeda do lado de Deus nos cobra.

Nos cobra a percepção, na vida, do que é ou não Evangelho.

De que, a frustração trazida pelo uso das redes sociais

nunca estará submersa Àquele que te manda jogar as redes. Afinal, de redes, Jesus entende!

Quando a esperança te faltar, apoia-te no que é imortal.

Foste reduzido ao silêncio? Para ti tudo parece perdido? Pois te digo, agora é que será a hora de Ressurgir e lembrar de que a crucificação e a ressurreição partem do mesmo lugar.

Ergue os teus olhos para o alto e vê!

CHEIRO DE ETERNIDADE

Ele vai ressurgir, eu posso sentir.

Sinto todos os sepultamentos que preciso fazer, de coisas que vivi, que toquei.

É preciso sepultar dores de estimação, ensaios de ausência de lucidez.

É bem verdade que, para experimentar a ressurreição, há de haver sacrifícios.

Não existe glória sem a Cruz.

O sacrifíco do "deixar ir". O sacrifício do "nem tudo convém".

Para que o túmulo fique vazio é preciso deixar as vestes no chão.

Eu sinto cheiro de eternidade.

DURMA EM PAZ

Nossas feridas mal curadas nos fazem causar feridas nos outro.

Aquilo que eu não curo em mim poderá ser a enfermidade de outrem.

Seremos sempre feridos e sempre feriremos. O que vamos fazer diante isso?

Resolver 70x7, quando permito o infinito de Deus agir em mim.

Murmurar 70x7, quando a lamúria tapa os poros da Cura.

Na dúvida, seja convencido pelo Espírito Santo.

Deus cuida de nós até quando estamos dormindo.

SOMOS TEMPLOS DO ESPÍRITO SANTO

Estou vivendo um tempo que tenho precisado me esforçar, como se esse verbo não precisasse de "para quês".

Dentre os rastros de esforços estão todos aqueles que me ajudam a construir o templo do Espírito Santo em mim.

Sim. Somos templo do Espírito Santo e sua morada em nós precisa encontrar possibilidades limpas de abrigo.

Vestir a alma de afeto, ser alguém regenerável pelas linhas do tempo e pela absolvição de si mesmo como ser errante.

Adornar o coração de sentimentos nobres. Nobreza semelhante ao Reinado de Jesus, um reinado de serviço.

Costurar feridas com o alinhavo da verdade e do comprometimento em seguir olhando para o Alto. Aceitação para que haja cicatrização.

Remendar o Espírito com um novo olhar sobre nossas carências. Carências, se não observadas e ordenadas, podem nos levar a grandes tropeços.

É o esforço para não se desencantar com o belo, com o puro, com o que é bom!

Tem gente que perdeu a capacidade do esforço, que desconfia de tudo, de todos, vê maldade em tudo, é como se a gratuidade tivesse evaporado da vida.

Vivamos na fluidez do rio da gratuidade. Este, corre por entre as pedras mais duras, contudo, não menos porosas.

ATÉ A ÚLTIMA GOTA

Não poupou uma gota daquilo que de mais valioso tinha.

Se deu por inteiro.

Que o preço do mundo, não roube de nós o valor que temos, pois somos muito raros para Deus.

Quanto vale a tua vida?

Retira de ti o Pensamento de Judas, de que não és digno.

Qual a reta intenção da nossa boa vontade?

Da nossa caridade?

Quanto da nossa fala nos entrega? Escolhamos sempre ficar com a melhor parte.

Quem não se derrama por inteiro acaba se derramando em lágrimas.

FAZEI BROTAR FLORES NAS PAISAGENS DO DESERTO

A quaresma me fez um pedido.

"Alargue a tenda, dai-me almas, fazei brotar flores nas paisagens do deserto, e ao final do percurso, terás um jardim bem regado."

Veio com um anúncio de uma nova aliança. Se tive medo? Sim, muito! Na verdade, ainda tenho. Tentei desviar do assunto com Deus, mas as confirmações foram chegando das mais diversas formas, trazendo-me a oportunidade de sair da zona de conforto, na busca incessante de enxergar sempre um oásis ao invés de miragens.

Enxergar uma pequena porção de terra fértil no meio do deserto. Aprender que esse deserto faz parte do caminho e é passagem obrigatória da jornada que todos nós escolhemos ao assumir Jesus em nossas vidas, ao elegermos Jesus como Salvador.

Que medo, meus amigos!

Digo com total franqueza de alma que hoje me senti

como Pedro, saindo do barco, caminhando sobre o mar, sem temer errar, só olhando pra Jesus e dizendo: eu confio!

Sigamos com a força que há por dentro!

Deus é um Deus de detalhes, Ele é, além de tudo, Jardineiro.

UM OLHAR AGRADÁVEL A DEUS

Não temos pretensão alguma de sermos perfeitos, mas temos a pretensão de vivermos a evolução do amor dentro de nossos corações.

O amor que é amado, o amor que é respeitado.

O amor que é honroso, o amor que é abrigo, que cura, converte, exorta, que muitas vezes, precisa desistir de si mesmo para se doar.

Renunciar a si mesmo para se dar.

Que possamos viver coisas agradáveis ao coração de Deus. Vivermos diálogos agradáveis aos Seus ouvidos. Pequenos gestos que O façam sorrir.

Peçamos a graça de sermos tanto para Ele quanto Ele é para nós.

UM CORAÇÃO ATENTO

Que caia por terra, toda soberba, arrogância, maledicência, sentimento de superioridade, de que sozinhos podemos mais. Que saibamos mendigar auxílio do Senhor em nossas vidas. Saibamos mendigar oração. Que possamos ter um coração contrito e humildade para nos rasgarmos diante do Coração de Jesus em oração e em súplicas.

CONTENTAMENTO DESCONTENTE

Que a boca fala do que o coração está cheio, sabemos. O direito de falar nos foi dado para que a nossa voz exercesse um papel edificador neste mundo.

Deste mesmo mundo, vemos uma tagarelice exacerbada em expressar opiniões que viveram por muito pouco no casulo do pensamento. É tão fácil falar e tão difícil se fazer entender.

É fato que temos hoje o direito de opinar sobre qualquer assunto, mas até onde esse direito nos leva?

Palavras não voltam.

Toda vez que me pedem posicionamento, eu reflito como poderia de fato contribuir de forma ampla, não me contentando em apenas agradar o locutor inicial, mas emitindo uma opinião robusta, da soma das vivências multiplicadas à imparcialidade.

Difícil missão em uma sociedade deveras polarizada, contudo rasgada pela flâmula das bandeiras hasteadas.

Tenho todo direito de falar tudo pelo livre arbítrio

que me foi dado, todavia, palavras não são necessariamente farpas, e o argumento não prescinde de fundamento.

A velha e boa imaturidade sempre quer ter razão. A verdade rasa é passo certo para o descontentamento.

PAR OU ÍMPAR?

Ele sabe quem somos de verdade. Com Ele, não há máscaras, não há falácia, não há enrolação, Ele nos conhece. Ele sabe o mais profundo dos nossos corações. Ele sabe das nossas tentativas, Ele sabe dos nossos erros, Ele conhece nossas falhas e sonda a nossa vontade de acertar. Ele sabe quando estamos sendo julgados. Ele sabe quando julgamos. Ele sempre sabe, mas insiste em acreditar em nós.

Sim, Deus acredita em nós. Nos dá o mundo sem nos cobrar por ele, um sol pra dois mundos, o horizonte logo ali e a ponte não pode ter fim.

Somos um com o PAI. Somos PAR, e isso é ímpar.

CARTA

Santo de casa faz milagre.

Carta para Gilson Gomes.
Favor entregar no CÉU!

Eu queria poder dizer com palavras o que sinto agora...

Contar do dia em que nos conhecemos. Do dia que conheci a Deus através de você. Do dia em que os verbos "louvar" e "bendizer" tornaram-se frequentes e se entranharam em minha existência.

Contar dos conselhos desde o início da adolescência, dos primeiros questionamentos da fé, do início do namoro, do noivado e que juntos seguimos até o altar, em que também comecei a dar sentido a outra palavra que tão bem você me ensinou a dizer: Sim!

O altar virou missão e a ovelha seguia os passos de seu pastor e, quando este precisou se ausentar, a flecha tinha sido muito bem implantada no coração e a menina que até então ficava nos bastidores passou a ser mensageira da vontade de Deus, assim como seu mestre ensinara. Servir por amor, com humildade e obediência, apesar de, às vezes, querer jogar tudo pro ar e ter uma vida "normal", como tantos outros a têm.

Normal?! Mas o que significa essa palavra, normal? Se tive a honra de ser chamada a viver o extraordinário da vida, ao tentar seguir as faíscas das chamas do Espírito Santo em uma comunidade tão imperfeita e tão divina!!! Tão humana e tão sobrenatural, tão simples e tão miraculosa. Ah, a Comunidade Um Novo Caminho, que por ti passou, sentiu o aroma das rosas.

Como você me ensinou meu amado:

É na imperfeição que há espaço para o amor de Deus ser perfeito.

Me ensinou que o serviço só começa quando deixa de ser "prazeroso e bom, porque é aí que a graça de Deus se manifesta!!"

Dessa obediência surgiu uma missão: compor, cantar e ser missionária. Levando o carisma da comunidade aos quatro cantos. Foi e é por amor!

E você sempre me acompanhando. Em tudo!

A menina se tornou uma mulher, mãe de três filhos, casada com o homem que você tanto ama.

E hoje, eu só quero agradecer a Deus! Por ter me arrebatado, por colecionar milagres em meu coração. Por sentir a brisa do Espírito se tornar vento impetuoso e ter aprendido, com você, a voar!

Na nossa despedida no hospital, você me fez um pedido, e eu o honrarei com o meu viver!

Espalharei as maravilhas, subirei montanhas, enfrentarei os desertos e serei a mulher mais feliz do mundo por ter convivido contigo, por ter convivido com um milagre.

Na ousadia do Espírito, que fala em línguas, nosso último projeto juntos foi uma melodia em inglês.

Ao rezar por você, em outubro de 2018, fui para o piano como de costume, e comecei a compor uma canção em outro idioma.

Logo mandei pra ti o áudio, você chorou e disse: "Tici, você vai voar voos inimagináveis".

Mal sabia eu que essa canção em inglês seria o preâmbulo de tantas conexões com os Estados Unidos. Quatro meses depois, o maior astro do futebol americano, Tom Brady, lhe mandaria uma mensagem que iria lhe fazer herói de sua própria história! E lá estava você, agradecendo com um inglês fluente da graça.

E a música em inglês ganhava sentido! O inimaginável começava a ganhar vida!

Foi então que, mais uma vez, o Espírito Santo ousou!! E, num contexto miraculoso, me fez receber um inimaginável convite!

Ir aos EUA evangelizar famílias — a música chegou aonde a gente jamais imaginou.

O voo que você proclamou vai acontecer!

Iremos juntos evangelizar aonde o Espírito Santo nos enviar! Seguirei nas asas de sua intercessão.

Pois a fé é idioma universal!

A missão continua, meu amado! Nada será em vão! Nada nos separará do amor de Deus!

Você é meu santo de casa!

E, contrário ao ditado popular: Santo de casa faz milagres!

Te amo!

"Vamo que vamo"! Deus no comando!

Fortaleza, 20 de fevereiro de 2019.

VIVENDO O LUTO

A morte me faz refletir sobre o céu! Na verdade, algo novo brotou em meus pensamentos, de que vivemos um único Céu, e que esse Céu tem duas dimensões o de cima (do Alto) e o de baixo (a Terra).

Que louco não é? Será algo para confortar-me? Consolar-me? Será que assim eu encararei melhor a morte? Serás e tantos serás...

Vi o limiar do horizonte! De enxergar que a Terra precisa representar melhor esse papel de "Céu" e também, ao mesmo tempo, saber que só reencontrarei aqueles que já partiram se eu também fizer por onde merecer o outro lado deste horizonte!

Parece complexo, parece surreal!

Parece que está tudo errado e que a antessala do Paraíso chamada Terra, está totalmente desconfigurada.

É certo que o prefácio de um livro anuncia a trama que discorrer-se-á. Então como se pode "escrever inicialmente" algo que não será lido?

Nossa vida é esse prefácio de Céu! Se realmente estamos sinalizando o que viveremos no Céu eu não sei, talvez sim, mas que é hora de sermos coerentes, com certeza é!

Eu quero escrever o meu Céu daqui da Terra!

E você?

VIDA QUE SEGUE

Hoje queria falar sobre quando comecei a cantar. Comecei menina, e o curioso é que a minha canção começou junto com a chegada de Jesus ao meu coração criança. De uma forma muito natural. Mas eu sempre me achei "diferente", no coral do conservatório, eu sempre era "contralto". Aquilo me incomodava um pouco pois quando se está na idade em que tudo "necessita" ser igual e que "destoar" incomoda, a gente se sente um pouco fora do aquário.

Na comunidade não foi diferente. Entrei numa época em que a ordem era cantar todo mundo "no mesmo tom".

E, mais uma vez, o meu timbre se escondia entre notas agudas e solfejadas. Eu cantava muda. Aquilo, ao invés de me fazer voar, inconscientemente, me cortava as asas.

Demorou para eu me encontrar, para soltar a minha voz mais densa, um tanto grave, um tanto volumosa, essa parte vou deixar que vocês mesmos definam...

Mas, o que quero expressar é que, quando eu compreendi quem eu era, eu soltei a voz da alma.

Não alcanço as maiores notas, nem pretendo. Cantar

não é álgebra linear, cantar é unir literalmente as cordas vocais e exprimir o seu som! Capaz de mover, comover, remover, VER!

Mas hoje, aprendi com minha amada @zizafernandes que a maturidade vem quando dói e a gente SEGUE!

Quando ela disse que eu era diferente, meus olhos lacrimejaram! Você é diferente! Foi o maior elogio que já recebi! Aquilo que antes era dor, passou! E eu realmente sei que sou diferente, que componho, que oro, que saio do convencional, porque simplesmente eu tenho um chamado só meu! E que quero estar longe dos rótulos!

Aprendi que sou densa, que sempre espero ouvir o sopro do Espírito, que se eu demoro é porque Deus está lapidando.

Na profundidade e na percepção da dor, minhas músicas saem, minha vida brota notas, um tanto mais grave, mas que não deixam de tocar o agudo das almas.

Aprendi e reflito que quando a vida é "leve" demais, ela pode tornar-se leviana.

Quero ser cada vez mais livre! Perceber as delicadezas, rir de mim mesma! Quero aprender com a saudade.

Admira o outro quem o escolhe! E eu me sinto ESCOLHIDA!

Frases soltas que de soltas não tem nada

1. A eternidade é quando o infinito de Deus habita em mim.

2. Fazer da nossa cruz uma ponte para Deus.

3. Que no extremo da dor, Deus faça brotar o amor.

4. Deus sempre terá mais a nos oferecer do que nós a Ele.

5. Reconstrói tuas ruínas.

6. Usa dez vezes mais de força para retornar Àquele que te ama!

7. Que eu possa fazer o que Deus espera que eu faça.

8. Muitos nós só serão desatados através da decisão de sofrermos.

9. Os "nós" passam por NÓS!

10. O nó tem duas extremidades, assim também somos nós, cheios de contrários, de extremos. A cura parte daí!

11. O milagre tem duas pontas!

12. Deus segura em uma ponta da corda e nós a outra!

13. O perdão não é rito é processo.

14. Só sabe o valor de um perdão, quem precisou ser perdoado.

15. Nó cego para as coisas que vimos, mas não deveríamos ter visto; nó mudo para as coisas que falamos, mas não deveríamos ter dito; e nó surdo para as coisas que ouvimos, mas não deveríamos ter escutado.

16. Que o nó de hoje, nos seja favorável, quando o Senhor pede-nos para que saibamos encerrar ciclos em nossas vidas, deixando para trás o que passou, e dando-nos a graça da sabedoria, do entendimento para finalizar o que não é necessário permanecer em nossas vidas!

17. Seguir em frente sem olhar para trás, plantando-se em terreno fértil e sagrado! Ter os olhos e o coração fixo no Senhor, se pondo a caminho com confiança e entrega absoluta!

18. Que os nossos olhos, nossos ouvidos e nossa boca sejam instrumentos, que sirvam ao Senhor, de forma benigna, misericordiosa e cristã.

19. Que as pedras encontradas pelo caminho, transformem-se em pontes, e nossas vulnerabilidades, em conexões.

20. Maria, ensina-nos a dizer sim também por meio do louvor, fazendo aquilo que o Senhor nos diz. Que possamos viver e estar perto desse canal da graça.

21. Louvemos à Santíssima Trindade! Ao Pai, que precisa estar na razão daquilo que se pensa! Ao Filho, que penetra dentro dos nossos corações, lavando com Sangue e Água de Misericórdia, naquilo que precisamos sentir e sermos curados.

E o Espírito Santo, que vem nos mostrar a lateralidade de uma vida espiritual, que nos tira do egocentrismo para nos colocar no lugar do outro, respeitando a sacralidade e inviabilidade de cada um, como filho e filha de Deus.

22. É o Espírito Santo que vem alinhavar o nosso passado inconcluso, e nos fazer reconciliar com a nossa própria história!

23. Que o nosso alicerce esteja, profundamente, centrado no Senhor, para que possamos continuar firmes, independentemente, das circunstâncias a nossa volta.

24. Graça partilhada é graça multiplicada.

25. Minha fé precisa da Tua.

26. Para frente e para o Alto.

27. Eram montes, a princípio intransponíveis, que se tornaram pequenos grãos de areia.

28. Somos capela de pedra com telhado de vidro.

29. Administre os seus contrários, para que eles não te contrariem.

30. Não romantize seus erros.

31. Fidelidade no silêncio, fortaleza na intimidade.

32. O que nos fará subir será a mútua colaboração com o Espírito Santo.

33. Tenhamos uma alma recíproca a Deus.

34. Ouvidos dóceis, almas fortes.

35. Aproxima-te do frescor da promessa e suportarás a prova do desgaste.

36. Rompe o teu silêncio com o louvor.

37. Fórmula da subida: Compreensão, aceitação e oferta.

38. Somos herdeiros testamentários do *Magnificat*.

39. Há uma Maria para cada filho.

40. A fé é o fio condutor entre o Céu e a Terra.

41. Arrepende-te e voltarás.

42. Vista a alma, adorne o coração e costure as feridas.

43. O pecado nasce em nossa desordem.

44. Perfeição é o amor em evolução dentro de nós.

45. Um reino que se divide não prospera.

46. Maternidade é caminho de santidade.

47. A vivência das virtudes nos fará sorrir.

48. Olha-te com olhar de reconciliação.

Eu nem te conto

O AMOR É CONTO? E EU RESPONDO.
PODE SER PROSA, POEMA E POESIA.
AME COM MAESTRIA.

QUAL O SEU TIPO SANGUÍNEO?

O Evangelho[1] não explicita os nomes,
Onde moravam, o que faziam.
Mas fala de uma certa mulher e cita uma certa menina.
Falava de hemorragia.
O beijo e o abraço,
Parece que aflingia.
Desejos reprimidos,
Tudo era impuro.
O que o corpo não pudera tocar,
A fé tocou!
Ele sempre nos ensina a atravessar para outra margem.
Sempre em movimento...
Nos ensina que precisamos ir ao
Seu encontro.

---

[1] Inspirada no Evangelho de Lc 8, 43-48.

Ele sempre estará disponível a nós.

A cada movimento, nos protege.

A cada súplica, nos livra.

Deus nos faz esperar para maior graça nos dar.

Uma mulher sofrida, calejada, doída e cansada.

Uma menina que deitada, desfalecia.

Uma há doze anos sentia, a outra aos doze deixava de sentir.

Uma sangrava por fora, a outra por dentro.

De onde vem o sangue que jorra de Ti?

Invoca o Sangue jorrado POR TI, e o teu gotejamento cessará.

REFLEXOS DO TEU AMOR

O Teu amor em mim,
Leva-me a compreender,
Que Tu és maior do que tudo.
Maior do que tudo!

Nem as palavras,
Nem as fronteiras,
Me impedirão de Te sentir,
Derrama o Teu agir em mim!
Revela o caminho que devo seguir.
Todas as nações hão de adorar-Te,
Toda a Terra há de seguir-Te.
Te entrego o meu viver,
Toma o meu querer!

E que por onde eu for,
Todos possam ver em mim, reflexos do Teu amor.

O AMOR QUE NÃO POSSO OCULTAR

De todos os amores, Tu és o maior,
De todos os caminhos, Tu és o melhor.
De tudo que sou, Tu és a vida,
De tudo que não sou, Tu és misericórdia.
De tudo que pretendo ser, Tu és a força,
De tudo que tenho, Tu és o TUDO.
TU ÉS. EU, ainda quero ser.
Ainda busco, ainda ouso almejar.
De todas as emoções e sentimentos, Tu és real.
Concordando EU ou não, Tu serás sempre verdade.
Nem o meu lado oculto é capaz de ocultar Tua parcela em mim.
Que a luta pelo inteiro que és Tu, nunca acabe em mim.
Que o meu fim sejas Tu em mim e eu em Ti.

MARCAS DE VITÓRIA

São marcas de vitória que mudam minha história.
Sofrer não é o fim. Sofrer é um meio.
Sofrer é freio.
E a embreagem serve para quê? Para dimensionar a velocidade.
Devagar ou ligeiro.
Ultrapasse pelo lado esquerdo relembrando Aquele no qual a lança abriu passagem.
Pelos lados ou pelo meio. Sofrer sem desespero!
Esperando abrir o Mar Vermelho.

A COLHEITA

Construímos lindas histórias.
Guardamos delicados momentos em nossa memória.
Aromas suaves, misturas de sentimentos e vimos o quanto somos fortes.
De mãos dadas, caminhamos e esperamos juntos por um novo florescer.

Para uma flor, cada pétala conta!

O TEMPO DA VITÓRIA CHEGOU

Por que choras assim?

Não vês o meu olhar sobre ti?

Por que sofres assim?

Não vês que estou lutando por ti?

Quando a força acabar, estarei lá.

Quando o grito ecoar, irei te buscar.

Conheço tuas derrotas. Abro novas portas.

De tuas quedas irei te levantar, não haverá tristeza nem dor.

O tempo da vitória chegou!

VIVA O PROCESSO

Perdão não é rito.
É ato de liberdade e amor a si.
Religião nenhuma mensura a sua dor,
Dor é dor!
Não há grande ou pequena.
A falta de perdão é autodestrutiva.
A mágoa só cresce.
É veneno!
Perdão é...
Entregar a mágoa para a cicatriz.
É um processo,
Queira vivê-lo!

MURMÚRIOS DE LUZ

Ela trouxe o reino de Deus para a humanidade,
Ela escuta os clamores de seus filhos.
Como advogada nossa, nos defende de nossos ilusórios juízos e inclinações.
Ela abençoa as terras morenas dos nossos corações, terras morenas em busca de luz.
Ela protege nossos campos, nem sempre verdejantes, mas cuja presença materna alivia, acalma.
Ela adentra nos lares, combatendo o inimigo espalhado nos ares.
Vem como noite serena, como um luar de prata resplandecente sobre o mar.
Ah! Esse imenso mar de amor, aonde somente lá me perderia.
"Deus juntou todas as águas e fez o mar, Deus juntou todas as graças e fez Maria".

ELE SEMPRE ESTARÁ

Ele estará quando ninguém estiver,
Ele estará quando estiveres no chão.
Ele estará quando estiveres ferido nos espinhos.
Ele estará quando estiveres na tua solidão.
Ele estará quando estiveres na exclusão da vida,
Ele estará nas horas mais inoportunas, nas mais adversas.
Ele estará quando ninguém enxergar as tuas lágrimas.
Ele estará quando ninguém perceber a implosão do teu coração.
Ele estará na dúvida.
Ele estará no julgamento.
Ele estará na crueldade do ser humano.
Ele estará na falta de saúde.
Ele estará na ansiedade e na depressão.
Ele estará na falta de amizade.
Ele estará na traição.
Ele estará!
Ele, sempre estará!

LOUVE A DEUS

Louvo a Deus por este dia, por este sonho, pela graça que posso alcançar, que posso ver.

Por cada palavra que posso ouvir.

Louvo a Deus pela simplicidade da manifestação,

Dele em mim.

Louvo a Deus pela efusão do Espírito Santo que se faz aqui.

Louvo a Deus por cada gota e por cada pétala que cai sobre nós.

Louvo a Deus pela oportunidade de servir.

Louvo a Deus pela oportunidade de me doar e sentir a oferta dos corações para mim.

Louvo a Deus pela oportunidade de ser quem ele me fez.
Louvo a Deus pela oportunidade de ser mais com Ele e para Ele.

E você, pelo que louva a Deus?

O QUE DESFAZ A TUA PAZ?

Dúvida que corrói os bons pensamentos, que aperta o peito.
Força que repele meu olhar para frente.
Dúvida que tira a paz e desfaz qualquer rastro de
bom entendimento.
Dúvida que cega e retira o firmamento.
Não sei o que é pior, se é a dor de sentir a própria dor ou a
cegueira causada por ela.
Nó que me rouba por inteiro é o nó do destempero.
Tiro certeiro de desesperança.
Quero esse nó desatado,
Para ver Deus honrado.
Uma vida de amor e decisão,
Uma vida lúcida, cheia de rugas, mas sem sorrisos, não!

SANTOS

INFLUENCERS

Os Santos nos escolhem

O que aprendi com Nossa Senhora Desatadora dos Nós

Acesse.

O ESPÍRITO SANTO NOS REVIRA POR DENTRO

Essa foi uma das inspirações que o Espírito Santo suscitou quando eu rezava a novena de Nossa Senhora Desatadora dos Nós, na qual eu já faço há três anos em minhas redes sociais.

É revirando os escombros que existem dentro de nós e tendo um encontro com nossas dores e alegrias, que crescemos e evoluímos. A nossa meta é o Céu.

Estava rezando esses dias, e, em minha oração pessoal, eu falei: Senhor, realiza a Tua vontade em mim. Senhor, que os meus planos coincidam com os Teus planos. E, quando Jesus olhou para mim, eu lembrei muito do Evangelho do Cego Bartimeu, pois Ele disse: "O que queres que eu te faça? Quais são os teus planos? Quais são os teus sonhos? O que você quer?" Às vezes, a gente entrega nas mãos de Deus a nossa vida e Ele é um Deus tão Misericordioso, de amor tão profundo, que Ele faz questão de saber o que nós queremos. É como uma criança que chega para o pai dizendo o que quer. O Pai escuta, se ele achar que aquilo faz sentido e não vai prejudicá-lo, ele senta-se ao lado e ajuda a realizar o sonho, inclusive ajuda a revirar todos os movimentos interiores que precisam ser revirados para que possamos voltar a sonhar.

O que queres que eu te faça? Assim como ao cego Bartimeu, a nós pode parecer óbvio querer voltar a ver, ocorre que talvez seja óbvio para nós e não seja para Deus. Precisamos relembrar que o óbvio, espiritualmente, precisa ser dito.

Entreguemos a nossa alma onde só o coração profundo de Deus pode alcançar.

O que queres que eu te faça? Deus te diz: "Eu te sei melhor".

PROCRASTINAÇÃO

Durante essa novena, Nossa Senhora me revelou muitos nós de forma especial, que precisavam ser desatados e, um deles, foi o Nó da Procrastinação. Palavra tão forte, que precisava ser olhada com um olhar especial.

A coragem de não mais postergar o que é preciso fazer. A coragem para não se sabotar. A coragem para realizar o que precisa ser feito.

Jesus olhou para mim e disse: Diante das súplicas que tu me fizestes de forma desesperada, quantas vezes, eu olhei pra ti e disse: "Filha, agora, eu não tenho tempo para te ouvir. Quando tiver um tempo mais disponível, eu te atendo".

Quantas vezes, Deus fez isso com você? Nunca! Nunca eu clamei aos Céus e fiquei sem resposta. Nunca eu clamei ao Céu e alguma manifestação do Céu, porventura, não agiu em mim. Sempre, uma lágrima cai. Sempre, um consolo vem. Sempre, uma mensagem. Sempre, um compartilhamento. Sempre, Ele arranja uma forma de se comunicar comigo.

Esse Senhor da hora e do tempo vem nos dizer o quanto precisamos não mais procrastinar. E o quanto isso traz mais nós para as nossas vidas. O quanto isso nos enrola.

Precisamos pedir o auxílio ao Espírito Santo para

realizar o que temos que fazer, sem sabotagem. Se Deus quer e eu quero, o que impedirá? Que tenhamos honestidade em nossos corações de perceber que mentimos para nós mesmos. Se ainda não fizemos algo, que mentira temos contado para nós mesmos para justificar o que já era para ter sido feito?

 Às vezes, a gente se preocupa mais com a fumaça que solta do que com a brasa que queima. Muita fumaça, a gente vê e faz muita fumaça. Mas, eu te pergunto: e a brasa, onde está? Quem vê a tua brasa? Quem te vê queimar? Por trás da fumaça, há um consumo imenso de brasa ardente que precisa queimar. A fumaça se espalha, a brasa se une para queimar cada vez mais. Que essa brasa ardente incendeie a nossa alma. Que essa brasa seja duradoura. E que a fumaça seja branca. Seja a boa nova de Deus, nas nossas vidas.

A PRESENÇA DE DEUS CURA TODAS AS FERIDAS

Nossas dores quando compartilhadas são ressignificadas. Um dia, eu pedi que Maria trocasse a minha corda. Eu disse para Ela que eu não aguentava mais olhar para os meus nós, e que queria trocar a corda.

Clamei com muita fé e disse: Eu quero uma corda nova, Maria. Porque até para errar, eu quero errar outras coisas. Eu quero errar outros erros. Se me for permitido, troca a minha corda.

Em um dos meus diálogos com Nossa Senhora, Ela me respondeu: Eu troco a sua corda, disse Maria, por aquele cujos nós te levarão a salvação, e imediatamente, eu olhei para o terço que estava no meu braço.

Houve um tempo em que cortaram as minhas asas. Vetaram os meus passos. Calaram a minha voz. Eu sofri, chorei e vivi segundo a vontade dos outros. Cedi o que não devia ter cedido. Calei quando não devia ter calado. Chorei pelo que não devia ter chorado. Quando olho para trás, parece que a minha consciência não estava em meu corpo. Mas, somente a minha carência e o meu desejo desesperado por amor, por apoio, por um asilo e por proteção.

Quanto mais o tempo passa, mais eu desconfio desse modo verbal que me retira da circunstância e coloca o peso da minha existência e das minhas decisões nas costas dos outros. Calaram-me. Cortaram-me. Caluniaram-me. Julgaram-me. Fizeram-me aquilo. É um modo verbal reflexivo, mas é o modo verbal completamente torto e desfigurado. Porque ele nos desvia da realidade, da resposta. Responder sobre a minha própria vida deve ser um direito até o final do meu respirar. E até quando eu me arrependo e percebo que eu não deveria ter feito o que fiz, o verbo precisa se manter e permanecer no modo direto e indicativo, pois nem o direito de errar podem me tirar. A justiça do tempo é essa. Os verbos se ajustam em nós. Ainda que naqueles que nos fizeram tanto mal, a visão permaneça a mesma. Mas, em nós, tudo se modifica se a graça de Deus é a nossa luz.

Os nós que precisam ser desfeitos se afrouxam e se desfazem pelo encontro que temos com a pessoa que detém todas as respostas e detém todos os tempos dos modos verbais. Com a pessoa que é o sujeito e o verbo das nossas vidas. Os nós se desfazem com o Senhor do tempo.

Entregue suas feridas com muita fé, muito amor e muito abandono na certeza de que a presença de Deus pode curá-las. Que Ele nos cure, para que a nossa presença seja cura.

Vamos mudar o tempo verbal?

HÁ CORDÕES UMBILICAIS QUE PRECISAM SER CORTADOS

Quando nascemos, o cordão é cortado. E Nossa Senhora Desatadora dos Nós nos provoca o verbo cortar. Qual é o cordão umbilical que a criança, que existe dentro de mim, precisa cortar? Para haver nascimento, precisa haver corte.

Que linha de corte precisa haver, hoje, nas nossas vidas para que possamos romper e nos abrir ao novo que Deus quer realizar nela? Cortar o cordão umbilical com o passado. Como fazer isso?

Deus me propôs que eu pudesse fazer um grande passeio dentro de mim, desse ego gigante que toma conta dos nossos corações. Ego que cada vez mais, procura ter um espaço dentro de mim, e que cria tanta confusão.

Precisamos admitir que temos um orgulho dentro de nós, e que, se há orgulho, é porque existe ferida. Para tantas feridas, nós vamos desfazendo e amenizando esse orgulho dentro dos nossos corações, e foi no Sacramento da Confissão que encontrei um grande aliado. Fui me confessar insistentemente, na busca incessante de cortar esse cordão umbilical com o pecado que habita em mim. Aí, em uma das conversas, já na quarta vez que estava me confessando, eu sempre batia na tecla da mesma coisa. O interessante é que esse processo de confissão foi um processo de esvaziamento interior e que eu tive que enfrentar, inclusive, o orgulho de não demonstrar e de não querer expor as minhas misérias e minhas fraquezas para o sacerdote.

O primeiro processo do movimento foi admitir e renovar em mim o desejo do sacramento da reconciliação com Deus. Eu dizia: mas Senhor eu vou me expor, e o sacerdote vai olhar para mim de forma diferente, talvez até deixe de me amar, talvez, nem seja mais meu amigo. Aí, Deus olhou para mim e disse assim: "Quanto custa a tua reconciliação comigo, filha? Se a tua reconciliação comigo está na amizade deste sacerdote, a qual tu vais expor o teu pecado, que assim seja, pois nada pode estar entre mim e você".

Aquilo foi tão forte pra mim que foi um corte de não querer me expor, de não querer somente aparentar. Foi uma cura do meu coração. Teve uma hora que o sacerdote olhou pra mim e disse: De novo? Você vai falar a mesma coisa? Por que você está trazendo isso de novo? Deus já não lhe perdoou, você não já se arrependeu? Por que você não está se abrindo à Misericórdia de Deus?

Eu queria apagar isso do meu coração. Ele olhou pra mim e disse: Talvez o nome disso seja orgulho. Na mesma hora, eu parei e disse: não! Você não está entendendo o que eu já estou dizendo. Pois eu queria que você rezasse sobre o orgulho que existe em seu coração, disse o sacerdote a mim. O orgulho de não se permitir ser alcançada pela Misericórdia Divina. Esse autoflagelo seu não é humildade. É orgulho. Saí daquela confissão rodopiando e refletindo sobre a falsa humildade que existe dentro dos nossos corações e que o reconhecimento disso é libertador. Vamos rememorar todas as palavras que a ladainha da humildade traz, para que a gente possa compreender todas as vezes que há orgulho ferido dentro dos nossos corações.

Que a gente possa compreender e se conhecer, acolhendo a si mesmo, amando quem somos.

Que essa busca desesperada por amor não seja a dúvida do amor de Deus por cada um de nós.

◆

Qual a última vez que você buscou a confissão?

Senhor, tende piedade de nós.

Cristo, tende piedade nós.

Senhor, tende piedade de nós.

Jesus manso e humilde de coração: ouvi-nos.

Jesus manso e humilde de coração: atendei-nos.

Jesus manso e humilde de coração: fazei o nosso coração semelhante ao Vosso.

Do desejo de ser estimado, livrai-me, Jesus!

Do desejo de ser amado, livrai-me, Jesus!

Do desejo de ser procurado, livrai-me, Jesus!

Do desejo de ser louvado, livrai-me, Jesus!

Do desejo de ser honrado, livrai-me, Jesus!

Do desejo de ser preferido, livrai-me, Jesus!

Do desejo de ser consultado, livrai-me, Jesus!

Do desejo de ser aprovado, livrai-me, Jesus!

Do desejo de ser adulado, livrai-me, Jesus!

Do temor de ser humilhado, livrai-me, Jesus!

Do temor de ser desprezado, livrai-me, Jesus!

Do temor de ser rejeitado, livrai-me, Jesus!

Do temor de ser caluniado, livrai-me, Jesus!

Do temor de ser esquecido, livrai-me, Jesus!

Do temor de ser ridicularizado, livrai-me, Jesus!

Do temor de ser escarnecido, livrai-me, Jesus!

Do temor de ser injuriado, livrai-me, Jesus!

Que os outros sejam mais amados do que eu – Ó Jesus, concedei-me a graça de desejá-Lo!

Que os outros sejam mais estimados do que eu – Ó Jesus, concedei-me a graça de desejá-Lo!

Que os outros possam crescer na opinião do mundo e que eu possa diminuir – Ó Jesus, concedei-me a graça de desejá-Lo!

Que aos outros seja concedida mais confiança no seu trabalho e que eu seja deixado de lado – Ó Jesus, concedei-me a graça de desejá-Lo!

Que os outros sejam louvados e eu esquecido – Ó Jesus, concedei-me a graça de desejá-Lo!

Que os outros possam ser preferidos a mim em tudo – Ó Jesus, concedei-me a graça de desejá-Lo!

Que os outros possam ser mais santos do que eu, contanto que eu pelo menos me torne santo como puder – Ó Jesus, concedei-me a graça de desejá-Lo!

Ó Maria, Mãe dos humildes, rogai por nós!

São José, protetor das almas humildes, rogai por nós!

São Miguel, que fostes o primeiro a lutar contra o orgulho e o primeiro a abatê-lo, rogai por nós!

Ó justos todos, santificados a partir do espírito de humildade, rogai por nós!

ORAÇÃO

Ó Deus, que, por meio do ensinamento e do exemplo do Vosso Filho Jesus, apresentastes a humildade como chave que abre os tesouros da graça (cf. Tg 4, 6) e como início de todas as outras virtudes – caminho certo para o Céu – concedei-nos, por intercessão da Bem-Aventurada Virgem Maria, a mais humilde e mais santa de todas as criaturas, aceitar agradecendo todas as humilhações que a Vossa Divina Providência nos oferece. Por Nosso Senhor Jesus Cristo, Vosso Filho, que convosco vive e reina na unidade do Espírito Santo.
Amém.

O ESPÍRITO SANTO É O FIO CONDUTOR DOS PENSAMENTOS

Você tem dúvida de quê? Quais são as dúvidas e os pontos de interrogações, que neste momento se estabelecem e se instalam dentro de ti?

Façamos um exercício de fé que diante de todas as dúvidas, de todos os pontos de interrogações que existem dentro de nós, uma voz precisa vencer! Essa voz é a voz de Deus! O que é que precisa de resposta? Que a resposta venha do Céu! Que Deus restabeleça a certeza de nossos corações.

Não podemos trilhar na nossa dor. Diante dela, que a voz de Deus vença e que o Espírito Santo nos convença, que revele e que caia por terra, e que a verdade nos refaça!

Hoje, peçamos a Mãe da Providência, a cura, o restabelecimento da paz, tempero nas nossas vidas. A temperança, que é esse tempero de esperança que precisamos alimentar dentro de nós. Que traga tempero, que traga sabor para as nossas vidas. Gosto de Céu, sabor de alegria, sabor de eternidade, de benignidade. Que sabores, você quer sentir nesta vida? Que sabor, você quer sentir, hoje? A gente só tem o hoje!

O que você quer degustar da vida, hoje? Eu quero sentir alegria, eu quero sentir paz, eu quero sentir amizade, eu quero sentir a Providência de Deus, eu quero sentir o prazer da presença do Espírito Santo em mim, eu quero sentir o júbilo daqueles que esperam no Senhor, eu quero sentir a companhia daqueles que me amam, eu quero louvar, eu quero acreditar, eu quero confiar, que sabor você quer sentir? Nomeie o seu desejo! Verbalize o seu desejo.

QUEM PRECISA SER GRANDE EM MIM É DEUS

Quero começar este parágrafo, pedindo que você se aproprie dessa graça de Nossa Senhora com as suas mãos singelas, ternas como aquele desejo manual de quem faz um tecido, como a bordadeira que borda, como todas as pessoas que trabalham manualmente, como aquele que faz uma cerâmica, que espera o tempo e dosa a intensidade de suas mãos para criar, para fazer nascer.

Entreguemos toda a nossa vontade de sermos moldados e de sermos trabalhados pelas mãos de Maria originando a nós mesmos. Para renascermos. Para sermos novas criaturas. Para termos um novo sopro e uma nova utilidade no mundo.

Eu quero ser útil, eu quero deixar rastros de Deus no mundo, por onde passar, no que eu falar, no que meus olhos refletirem, no que meus olhos intencionarem dizer, porque os olhos falam.

Eu quero ver o que Deus vê. Eu quero ouvir o que Deus escuta. Eu quero falar o que Deus me diz. Que Ele possa tomar espaço nas nossas vidas. Ser menos de mim e ter mais de Deus em mim.

SER LIVRE PARA AMAR

Nós queremos e precisamos ser livres para amar. Quando for difícil sentir o que é bom, quando for difícil fazer o que é bom, lembremos do refrão dessa música escrita em um momento de muita solidão:

"Já não sou mais eu quem vive, é Cristo que vive em mim."

É preciso muita coragem para dizer o que sentimos para sermos curados. O primeiro passo da cura é o diagnóstico da doença.

Nossa Senhora veio me revelar o nó da inveja. A inveja corrói, destrói tudo que é bom.

No meu coração, Ela vem ilustrada de duas formas, demonstradas em cenas. Primeiro, o Senhor me mostrou um pássaro a voar livremente. A inveja é quando olho para o pássaro e eu tenho o desejo de cortar as suas asas. A inveja é quando eu não suporto ver o pássaro voar, quando o seu voo me incomoda.

Da mesma forma, quando eu vejo um imenso jardim florido, crescendo, a flor preparando-se para desabrochar, e, dentre tantos caminhos, escolho pisar no canteiro das flores. O que mais nos assusta é saber que sentimos, em algum momento da vida, a inveja.

Sentimos, já sofremos por sentir ou já fomos castigados pelas consequências desse sentimento em nós.

Hoje, a alegria que brota em meu coração é falar sobre isso de uma forma madura, sem autoflagelo.

Saber que sou humana, que sou capaz de sentir, mas que detenho a decisão de mantê-lo ou não em mim.

Quando sentirmos a invasão desses sentimentos, que vem em alta velocidade dentro de nós, que possamos fazer a seguinte oração:

"Eu devolvo a Ti, Senhor, o mau sentimento que transforma o meu coração. Que o Teu amor venha selar e que a Misericórdia Divina alcance a miséria que existe dentro de nós, para que sejamos Livres para Amar."

O que aprendi com Santa Teresinha

Acesse.

SÊ PEQUENINO

Precisamos ser pequenos. Quero ser pequena. Santa Teresinha, em seus manuscritos, em História de uma Alma diz: "Sê pequenino".

A graça de Deus se manifesta em cada detalhe do nosso dia. Consequência de total confiança é a decisão e a escolha pelas pequenas coisas, as denominadas coisas comuns, que não têm o condão de impressionar, que não chamam atenção, aquelas que são colocadas de lado, por serem consideradas meios não apropriados de se atingir a perfeição. Trata-se das coisas de cada dia, das coisas de sempre. Das coisas que sempre se repetem.

O pequeno me fará feliz! O pequeno me fará sorrir! O pequeno me bastará! E será combustível para que, se preciso for, o grande aconteça. O pequeno me acalenta!

A realização e a colheita se fazem no caminho. Que o caminho seja mais importante do que a chegada.

NÃO VOS INQUIETEIS COM NADA

É tão difícil viver essa frase no ordinário do dia a dia, porque os abalos nos fazem oscilar diante dos acontecimentos da vida.

Eu pedi a Santa Teresinha que me trouxesse o termômetro da quietude, que minha maior inquietação fosse a do Espírito Santo se movendo dentro de mim. Teresinha não conhecia o medo, pois tinha confiança no auxílio divino. Impelida pela esperança e confiante na ajuda de Deus, de cujo amor misericordioso se sentia prevenida e permeada, transformava em eventos, qualquer tipo de contato.

A pandemia, por exemplo, nos privou do abraço, gesto tão importante e força motriz de cura. O abraço é acolhimento, festa, encontro, reencontro, doação. Gastar tempo, fazer com que o outro sinta todo o amor, não somente nosso, mas de Deus também.

O abraço é um evento, deixamos um pouco de nós e recebemos um pouco do outro. Quais eventos a vida tem te tirado? O contemplar de uma rosa, o bom dia para quem você não conhece, o gracejo para um animal, tantas coisas em nossa vida nos ensinam e podem ser transformadas em eventos, que independem de convite.

      O sorriso é uma grande arma. O sorriso é uma grande arma que precisamos resgatar também. Santa Teresinha transformava qualquer ocasião em nascente de força e de fidelidade e ali, deixava todas as suas amarguras. Considerava-se uma menina que recebia tudo gratuitamente das mãos de Deus. Colocava-se sempre necessitada de tudo, e por isso, sempre pobre, sempre solícita de auxílio. O contar somente consigo mesma a apavorava! A autossuficiência, a capacidade de se bastar nunca sequer a rogou.

      Nós temos sido bastante exigidos. Essas exigências têm trazido muitas enfermidades em nossa alma. Já temos a nossa cobrança pessoal e somadas a essas, vem outras cobranças, a de que precisamos Ser, Estar, Agir e, infelizmente, a de que precisamos ser infinitamente melhores, mesmo estando piores.

      Nobres inquietações, pobres corações.

PARA-BRISA OU RETROVISOR?

A vida vai passando sem avisar. E, às vezes, a gente vai deixando a vida passar sem viver as experiências que precisamos viver com Deus.

Fazia eu uma viagem de carro em família, de repente, comecei a ouvir uma canção no rádio, cantada pelo Padre Fábio de Melo, que falava em olhar a vida pelo retrovisor. Eu estava no lugar certo com a melodia certa. Comecei então a mergulhar na canção que me conduzia em uma reflexão poderosa. Vivo a vida somente olhando pelo retrovisor ou olho para as paisagens que o vidro da frente do carro me mostra?

Esse lema me fez ver o quanto, muitas vezes, eu me permito olhar apenas pelo retrovisor. Detenho-me a olhar pelo retrovisor. Fico olhando a paisagem por um espelho tão pequeno, quando na verdade, Deus tem uma paisagem linda pelo reflexo de um espelho muito maior. Por um espectro muito melhor.

Ao experimentar tudo isso lembrei-me da passagem da reconstrução do templo em que Ele dizia: "Esse novo templo será muito maior do que o de outrora. O templo novo terá mais esplendor do que o anterior".

Para onde as nossas dores têm nos levado?

Que o espelho, tão pequeno que nos remete ao passado, reflita a imagem do que nos tornamos diante das boas e não tão boas aventuranças que já vivemos, para que esse mesmo reflexo não nos impeça de mudar a direção do nosso olhar para as novas paisagens reservadas por Deus.

Ajuste o retrovisor, você terá mais segurança para olhar para frente.

SENHOR DO TEMPO

O que incomoda, verdadeiramente, o coração de Jesus é o fato de não batermos mais à porta. É não querermos mais falar.

Nós continuamos pedindo coisas que não nos cabem, que não nos pertencem e continuamos pedindo só para satisfazer nossas vontades. Ele sabe, exatamente, o que nós precisamos.

Quando lemos: "pedis e recebereis" podemos literalmente – não ler: pedirás e receberás, exatamente da forma como pedirdes. Da mesma forma, quando lemos: "Procurai e encontrareis", não há razão para a ilusão de interpretarmos – procurarás e encontrarás milimetricamente aquilo que desejardes encontrar.

Essa passagem nos coloca de novo no trilho da fé genuína daquele que entrega aquilo que tem de mais precioso ao Senhor, o seu próximo minuto. Eu quero muitas coisas, eu desejo muitas coisas. Tenho impulsos, ímpetos, surtos. Mas, quando paro, escuto e olho através dessa passagem, deixo, na ponta dos ponteiros, a seta do olhar certeiro de Deus. Ele é o Senhor do Tempo.

O remédio é o tempo, o antídoto é a espera de não saciar a alma na autoidolatria.

Ninguém volta da presença de Deus de mãos vazias.

TOQUE DE DEUS

Um dia, diante da gratuidade do amor de Deus por mim, ruminei, porque minha digestão espiritual é lenta. Vou processando cada etapa que Jesus vai colocando aos meus olhos. Quero contar sobre um sonho. Sim, eu tive um sonho. Um sonho muito lindo e profundo, que me fez acordar!

Eu sonhava que estava em uma festa de casamento. Passeava entre os convidados. Roupas fluidas, grama verde, música. Ao som da canção, eu olhava e lembrava da presença de Nossa Senhora nas Bodas de Caná. Ali, era como se eu estivesse naquela festa. Eu olhava e dizia: "Quem são os noivos?". Que rosto têm esses noivos? Eu ficava imaginando e colocando rostos naqueles noivos.

Comecei a visualizar e era chegada a hora da valsa, da dança. O casal começava a dançar. O casal dançava, e as mãos se entrelaçavam na dança, eram só um. O olhar que eles tinham penetrava tanto, que alcançavam a alma um do outro. Eles eram uma só carne naquele momento. O olhar de alegria, o olhar de promessa, o olhar de aliança, olhar de ter plantado em si a unidade numa dança fluida da vida.

Foi então que a música mudou, e que o noivo olhou para mim e me chamou para dançar. E eu, como aquela estranha que não entende o olhar e nem o convite, olhei para o lado, para trás, e disse:

- Eu?!

Ele respondeu:

- Você quer dançar comigo?

Ele estendeu a mão, me convidando para dançar, e foi a dança mais bonita da minha vida. Dancei como pássaro! Dancei como um pássaro livre! A minha roupa voava. Ele me abraçava! Era o toque de Deus.

Ele tocava no meu rosto e beijava minha testa! Olhava no fundo dos meus olhos, como quem encontrava um grande tesouro. Nós dançamos e eu senti a eternidade dentro de mim. Em um dos passos, em que eu me voltei para ele, em que repousei na paz dos seus braços, ele disse:

- Você não me reconhece? Olhe uma vez mais para mim.

- Sou Eu! O teu noivo! Sou Eu filha, o Esposo da tua alma! Sou Eu, Jesus! Sou Eu que troco Reinos por ti! Sou Eu que falo - para sempre! Sou Eu que planto Eternidade no teu coração! Sou Eu que danço a dança da vida contigo, quando não precisa ter música. Seremos sempre nós dois.

"Como eu te amo", ele dizia! Como eu sou apaixonado por ti! O meu amor por ti é para sempre!

Quem aqui precisa ser restaurado por essa dança? É você que precisa dançar? É você que precisa colocar Jesus, de novo, como esposo do teu coração? Quem são os noivos que precisam dançar? Quem você traz para essa dança? Seus pais? Seus irmãos? Seus filhos? Seus amigos? Quanta gratidão, eu pude sentir nessa noite em que eu fui amada profundamente pelo amor da minha vida, que é Jesus.

NÃO TOME ATALHOS PARA SE PERDER

Isso já é uma grande felicidade. Poderia dizer que Ele se aproveita de tudo. Que nada se perde e o Espírito Santo reconstrói tudo de uma maneira muito melhor. Reconstrói com uma finalidade melhor, um propósito melhor, um novo sentido, de forma a te fazer sentir a força de Deus. Sabe a dor da queda? Ela se torna infinitamente menor do que a graça de levantar-se. Lembra-te que a luz nasce da escuridão.

A luz vem da palavra de Deus. Prática é exercício. O exercício aprimora e fortalece. Faz perseverar. Começo então a ver os ganhos da palavra em mim. Toxinas indo embora. Teresinha faz uma aplicação rápida e eficaz sobre a Palavra. A Palavra de Jesus é o próprio Deus. É o próprio verbo. Observar a Palavra de Jesus, guardar Jesus em nossos corações, é a única condição para nossa felicidade.

Que o livro da vida seja um verdadeiro romance Daquele que sempre me espera e do meu coração que está a esperar por Ele. Por falar em livro, tem um na Bíblia que é puro romance, o Cântico dos Cânticos. Uma verdadeira dança. Gozar a vida com poesia. Passar a vida enxergando estrofes e rimas. Não tome atalhos para se perder.

MOEDAS DA ETERNIDADE

Nem toda riqueza que se acumula na terra poderá ser gasta na eternidade. Quais são as riquezas que estamos querendo acumular? Como aquele que viaja para outro país, é preciso ter o câmbio correto para poder transitar, comer. É preciso estar com a moeda certa para aquela viagem que farei. Se não, nada faço, nada compro, não sobrevivo. Da mesma forma, se nós não acumularmos as riquezas certas, aqui, não haverá como sobreviver lá. Qual é a moeda que gastaremos na eternidade? Eu preciso acumular a moeda que seja recebida pelo céu.

O tempo vivido como espera é a oportunidade que oferece a possibilidade de acumular riquezas para a eternidade. Por isso, tudo deve ser aproveitado, bem aproveitado. Este tempo de espera, este instante entre duas eternidades é a tua oportunidade de acumular riquezas para gastar no Céu.

Quem vive aqui está sempre de malas prontas para partir.

O que aprendi com Santa Dulce

Acesse.

MÃOS SÃO INSTRUMENTOS DE CURA

Deus se utilizava de várias formas para que Santa Dulce fosse instrumento de cura para o outro e uma dessas formas era suas mãos. Mãos que curavam, mãos que amavam, mãos que eram sacrário vivo.

As nossas mãos são instrumentos de Deus na vida das pessoas. Quantos milagres Jesus realizou pelo toque? E, apesar do tempo em que vivemos, Deus nos pede que tornemos real a espiritualidade do toque, do abraço, do gesto. Vamos vencer porque Ele não desiste de nós. Nós somos esse reflexo do Santíssimo Exposto, nós somos lâmpada, nós somos esse reflexo de Deus na vida uns dos outros. Como um sacrário vivo levando amor.

Perdão, Senhor, por muitas vezes, deturpar a santidade. Santa Dulce é uma Santa muito próxima, muito viva e real. Me aproximar dessas histórias, me fazem crer que é possível chegar ao Céu, não por qualquer pretensão de perfeição, mas pela possibilidade de ver com o amor em evolução dentro de nós. Falhas sempre existirão, mas a persistência de sabermos aonde queremos chegar fará a diferença na nossa existência e nos fará voltar quando estivermos longe. Santa Dulce nos ensina isso.

UM CORAÇÃO APRENDIZ

Esse desbravar faz parte do meu coração e da minha missão. Desbravar novos caminhos espirituais, aprender sempre. Santa Dulce veio nos ensinar a ter um coração aprendiz. Sempre dispostos a aprender novas coisas. Sempre dispostos a ouvir, a reconhecer aquilo que Deus quer realizar.

É através da fé que consigo desbravar esse caminho. A fé é a certeza daquilo que não se vê. Pela fé, compreendemos que o universo foi constituído pela palavra de Deus. De sorte que as coisas visíveis provêm daquilo que, humanamente, não se alcançam.

A fé é o fundamento da esperança. Como anda a esperança dentro do teu coração? O Senhor quer derramar em nós, e reavivar em nós, a esperança. A fé como fundamento da esperança. A fé como antessala daquilo que se espera que seja cumprido. Cumpra-se! Faça-se! O que você espera ver cumprido?

Santa Dulce enfrentou muitos poderosos com sua postura de esperança. Como está nossa postura? Estamos acabrunhados ou erguidos? Estamos com uma postura daqueles que acreditam?

A fé é a certeza de que, independentemente do resultado, Deus está comigo.

DEUS QUER NOS CURAR

Deus quer nos curar de um tempo que não volta mais. Tudo passa, as pessoas passam, os amigos passam, mas Deus não.

O convívio é o caminho para se estabelecer intimidade com o Senhor. O convívio é premissa para intimidade. A gente não tem intimidade com quem não convive. A gente só identifica a voz de quem escutamos falar. Não adianta buscar intimidade por meio de outras pessoas. A intimidade com o Senhor é sua! A escuta da voz de Deus no seu coração é sua, por mais que venha por meio de alguém. Deus clama para falar diretamente com você. Às vezes, Ele se cansa de mandar recado. O Senhor não quer mais um intermediário entre o seu coração e o coração Dele. Ele quer dizer as coisas diretamente para você. Esse caminho é possível. Basta querer para escutar a Deus dentro do seu coração. Basta querer estabelecer um diálogo com Deus.

Desvencilhe-se de suas muletas.

Deus quer que sejamos originais com o selo do Céu. Pela intercessão de Santa Dulce, que o Senhor resgate em nós, toda a originalidade. Que nos dê força e coragem para ficarmos a sós. Como diz a canção, se quiser falar com Deus apague a luz no calar da voz.

SOMOS OBRAS INACABADAS DO SENHOR

Não viemos completos, somos preenchidos pela misericórdia de Deus através daqueles que nos amam e dos que não nos amam também.

Somos obra inacabada, sempre precisando de reparos, às vezes, estamos só os Retalhos.

Tem gente que nos preenche com seu tijolo de fé, com a argamassa do Céu.

Tem gente que aparece e tira umas lascas, deixa buraco, mas sabia que, de qualquer forma, há reforma? Porque é bem verdade que ela leva um pedaço bom, que a fará regenerar. E no lugar do buraco ou pedregulho deixado, Deus preenche com amor do Pai, com colo, e constrói, no lugar, um verdadeiro altar.

Obra é amar o amor doído, é a caridade que ninguém vê, é fazer uma mudança silenciosa, arrastar móveis no silêncio, pintar muitas vezes a parede da mesma cor.

Ninguém notou?

Mas você sabe que você pintou! São as mudanças dos discípulos da madrugada.

Obra é deixar legado, amar o filho, perdoar o pai, socorrer o amigo. Obra é fazer tudo por amor, assim como Santa Dulce ensinou.

TÃO SUBLIME DOAÇÃO A DEUS

A vida do anjo bom do Brasil foi uma vida totalmente dedicada ao projeto de Deus, pois viveu plenamente a caridade ao se interessar pelo bem e pela salvação do outro. Tanto na dimensão material humana, como na dimensão espiritual. Ao viver a sua vida como dom de serviço a Deus e aos irmãos, tornou-se exemplo para todos os batizados, mostrando o que é viver como filha de Deus e consagrada, fazendo tudo para aproximar-se do Senhor e levando outros a se aproximarem dessa fonte de salvação e de vida, que é Cristo a partir das suas ações de amor.

Nós queremos ter sempre portas abertas para o Espírito Santo agir em meio a nós. Que o Espírito Santo nos inspire mais, nos capacite mais, a ouvir e a realizar aquilo que Ele quer e nos pede.

O que aprendi com Santa Rita

Acesse.

A ESPOSA HEROICA

O silêncio, a humildade e a paciência aparecem como lanças contra os leões ferozes do cotidiano. Uma luta contínua entre o despotismo e a docilidade, entre o vício e a virtude, um coração moldado no heroísmo da esperança.

Santa Rita de Cássia se apoderou do meu coração feminino, ao me mostrar a santidade de seu estado de vida inicial, o matrimônio, na vivência sobrenatural da espera do amor invencível.

O coração de uma mulher obediente, que soube gerar constrangimento aos corações mais ferozes pelo exercício do "Faça-se". Um "Faça-se" contínuo de pequenos sacrifícios de amor que nos "desescraviza" do mundo, nos tornando livres para o exercício dos desejos ardentes do coração de Deus.

Que as promessas de DEUS sejam mais desejosas que nossos próprios desejos.

FLORESCER O IMPOSSÍVEL

Ao regar um pedaço de madeira por um ano, na missão de fazê-lo florescer, Rita nos ensina a regar os nossos impossíveis.

Santa Rita foi provada na fé. Precisou obedecer, com muita paciência e humildade, à ordem de suas superioras. Uma dessas ordens foi: "regar por um ano um pedaço de madeira". Se florescesse, Rita seria admitida no convento das religiosas.

É certo que muitos caminhos miraculosos já tinham perpetrado o caminho daquela mulher, mas esse exercício de obediência, na completa escuridão da fé, é para poucos.

Ouso dizer que já vivi momentos em minha caminhada que compreender o sentido dessa obediência foi um processo insuportável. É o ringue da vida. Lutar com as armas espirituais contra a faceta humana investida da hierarquia. Parece tão simples a desobediência, na justificativa da justiça, não é mesmo?

Assim como Santa Rita me ensinara, ao regar esse pedaço de madeira, na esperança do seu florescimento, para concretizar os desejos profundos de sua vocação, eu busco regar os pedaços de madeira, ou melhor, os enormes troncos que a vida me apresenta, na esperança de ver a soberania de

Deus em minha missão. Ah, bendito Deus soberano, quem prova de Teu poder não se assusta com a investidura do poder humano.

É assim que sigo, confiando no silêncio, respingando por dentro a água que rega minha espiritualidade.

Quem mais acredita em mim, é o próprio Deus. Disso, não posso esquecer.

PRODÍGIO EM MEUS LÁBIOS

Ao nascer, um enxame de abelhas brancas apareceu de improviso voando em volta do berço de Santa Rita e pareciam querer pousar sobre seus lábios, como se deles fossem extrair favo de mel.

Sabe o que imediatamente pensei ao me deparar com esse fato? Qual o sabor das coisas que verbalizo?

Na gramática do coração, nos verbos e eufemismos que utilizo, a minha comunicação reverbera o som de Deus?

Vivemos na agonia de áudios acelerados, de palavras escritas por siglas, tudo vem sendo encurtado, e curta também está a nossa tolerância.

Que as palavras têm poder, nós já sabemos. Mas, e as suas? Tem tido o poder de quê?

CONCÓRDIA

Tudo em nossa vida é um processo e os fenômenos mais importantes e belos passam pelo crivo do tempo.

Viver o processo da graça, trilhar os caminhos que me levarão à colheita da bem-aventurança requer posicionamento e estratégia. Qual é o processo que me fará caminhar para a graça? Qual é a parte que me cabe?

O inimigo insiste em plantar discórdia no terreno da glória. Quantas vezes eu já senti a alfinetada do inimigo dentro do meu coração. Quantas vezes eu mesma não suportei viver esse processo. Até que nos escombros da alma Deus me dizia: "Acalme os ânimos, tudo se arranjará pacificamente".

Para exemplificar esse caminho, recordo-me das escadarias das Igrejas que nos levam aos sinos. Ora, tais escadas geralmente não são íngremes e estreitas? Muitas vezes até helicoidais?

Pois, bem!

As subidas nos deixam sem fôlego, mas o alívio de chegar ao topo e respirar os ares do balançar dos sinos, é o que nos move.

Toquemos o sino da graça.

Instagramável

Literatura de Instagram

CINZA ESTÁ O TEU CORAÇÃO?

É certo que chegamos à quarta-feira de cinzas, o que podemos refletir sobre esse momento que há tantos anos vivenciamos e que talvez nunca o tenhamos de fato experimentado?

Essa travessia do efêmero, volátil e transitório dos ardentes desejos humanos ao cultivo do que é duradouro, profundo e eterno é o movimento que o nosso coração faz do carnaval à quaresma.

As cinzas apresentadas a nós conduzem-nos à reflexão de que somos pó e ao pó da terra voltaremos (cf. Gn 3, 19), para que nosso corpo seja refeito por Deus, para não mais perecer. Voltar ao nosso Gênesis interior, questionando o que precisa ser recriado em nós para sermos remodelados como barro pelas mãos do oleiro.

Para isso, se propõe que nosso coração humano se aproxime do coração de Jesus de forma sensorial, vivendo com Ele cada passo dos desertos da alma, nos abrindo ao recolhimento interior, e à todas as condições favoráveis ao íntimo e verdadeiro encontro com Deus. Te convido então a "gastar" tempo e oferecer um minuto do dia para revivermos a Paixão de Cristo em nós!

Que esse caminho da alma apresente o "cinza" do nosso coração à luz do Senhor, que quer colorir nossa vida com as cores de Seu Reino, com raios luminosos de paz, de amor e de Salvação.

FOI DADA A LARGADA

Acordei intensamente sensível. Ligeiramente frustrada. Buscando compreender. Parece que todos os sentidos estão exageradamente aguçados.

Talvez por hoje ser início da semana santa EM MIM.

Dias que precisarei santificar na minha vida.

Preciso dar sentido e encontrar propósitos que me trarão CLAREZA!

Contemplei, ao longo do dia, uma imagem que fisgou meu coração. A imagem de uma cruz com um ramo de flores, envolta por um véu branco.

Os Ramos são os dedos de Deus a me fazer carinho. São o acolhimento na minha linha de chegada.

Um tempo penitencial é uma maratona. Na chegada estará Jesus com Sombra e Água Viva.

As flores são aquilo que fiz brotar na Cruz, um buquê de uma noiva que vai rumo ao altar! Resgata a Aliança! O véu é a veste de ressurreição que preciso experimentar! Meu Deus, que forte essa frase!

O jejum a ser realizado deve contribuir para que as vestes caibam. Espero ansiosamente que caibam! Que abotoem! Preciso de roupas novas.

AGUDOS OU OBTUSOS?

REINVENTAR-SE é uma arte!

Nós temos uma força absurda dentro de nós, e somos capazes de dar vida e colocar em cena, todos os protagonistas que precisamos ser.

Dançar sem medo, abrir-se ao novo, permitir que Deus potencialize nossos talentos, nossos dons. Parece estranho, mas o ritmo que tem sido trilha sonora dos meus ensaios da vida real tem sido o ROCK. Sabe o que significa essa palavra? PEDRA!

Ouso dizer a Deus que o inusitado ritmo me deu a oportunidade de lembrar que foi sobre uma PEDRA que Jesus instituiu a Igreja. Parafraseando o Apóstolo que fez o galo cantar:

"Pedra eu Sou." "Pedras somos nós."

Com ângulo ou sem ângulo, seremos pedra angular.

JOGUE OS DADOS DA IMPERFEIÇÃO

A casa interior de nossa existência precisa estar organizada, pois o Reino de Deus é um reino de ordem. Que no grande tabuleiro da vida, aprendamos a recuar, voltar as casas. Voltar ao nosso Gênesis.

Desejo que o descansar tão necessário em nossos dias seja fecundamente alcançado, pois é promessa do Espírito Santo. Que assim como Maria, escolhamos a melhor parte! Que o Espírito Santo nos ajude a discernir o que é fonte de inspiração e o que é fruto da imaginação humana.

Não busquemos atalhos para fugir da cruz, principalmente quando nossos planos não coincidirem com os planos de Deus. No caminho, há espinhos entre as flores.

Vamos perder a frustração de encontrar o caminho perfeito! Não busque e nem se agite a respeito da perfeita escolha, porque você não é capaz de fazê-la. Perfeito só Deus e Ele age em nossa imperfeição. É assim que a Misericórdia de Deus age em cada um, pela imperfeição humana.

Que o Espírito Santo coloque ordem em nossa casa interior! Deus é soberano e Deus é por nós! Que a força da mulher se revele ao ser espelho de Maria!

24 ANOS DEPOIS

Saudade, que palavra! Tem o poder de nos levar para longe.

Existem saudades que nos convidam a refazer caminhos, saudades que podemos matar, quer seja reconstruindo abraços, quer voltando em algum lugar, quer amando, quer perdoando. Aquela que pode ser sanada!

Outras, pela esfera do tempo, pela impossibilidade do recomeço, não podem ser aniquiladas, apenas abrimos espaço para uma cordial convivência. Que, por vezes, apertam tanto que sufocam o peito.

Hoje participei de um momento que me deu bastante saudade. E agradeci bastante a Deus pelo reencontro que tive. Sabe com quem? Com uma menina de 15 anos que, um dia, se crismou em seu colégio. Sim, hoje fui para uma simples reunião de crisma na escola dos meus filhos, e matei a saudade de estar apenas ali, revivendo sensações, sonhos, aromas, tudo que aquela menina sentiu e viveu, naquele momento, no mesmo colégio, aos 15.

Eu abracei pessoas dentro de mim. Fechei os olhos e sorri para quem já não está mais aqui. Sim, eu estava com saudade daquela menina! Porque ela ainda habita em mim!

Saudade menina! Que bom te reencontrar ali!

Que o meu reencontro comigo possa causar o teu.

POSFÁCIO

No meio dessa velocidade desenfreada em que anda o mundo, encontrar um olhar feminino que deite tão generosamente seu tempo sobre o leito da vida, com um tempo qualificado, e ainda resolve dedicar essa peneira preciosa de sabedoria aos seus, é realmente uma raridade.

Ela, mulher, esposa, mãe, artista de mão cheia, de voz marcante, beleza estonteante, é dessas mulheres com uma maternidade no gesto e capacidade geradora de vida incríveis em tudo o que se compete a fazer. Com certeza é uma dessas raras mulheres que entendeu que se poupar é se perder, e decide espalhar esperança no mundo com a própria vida, simplesmente por não saber ser de outra forma: ela nasceu pra isso.

Seus textos são a radiografia exata de sua vida e nos levam, com beleza e humanidade, espiritualidade encarnada e simplicidade, a um lugar que pensamos estar muito longe de nós e, ao mesmo tempo, sendo levados por suas histórias e visão de mundo, vemos que está perto, muito perto: a presença amorosa de Deus.

Ela porta, com elegância e coragem, essa graça reservada às mulheres entregues. Aquela graça de, em uma palavra apenas, resumir a direção inteira de sua existência: Fiat faça-se!

Rezo por mais mulheres assim pelo mundo, com essa semeadura nas palavras e esperança determinada na voz. Voa, minha amiga! Enquanto lhe aplaudimos, desfrutaremos da "divina vista" ao seu lado, pois é impossível não olhar pra Deus estando ao seu lado.

Ziza Fernandes
Mestra em Psicologia, logoterapeuta, musicoterapeuta, escritora, cantora e empresária.

ANGELVS
EDITORA